U0947430

2018 年度

沪美交流精彩瞬间回眸

1 月 29 日，总部位于美国的国际游乐园及景点协会（IAAPA）在上海设立首个中国大陆地区代表机构，以拓展和加强其在亚太地区的项目和服务。这也是上海市旅游局成为上海涉旅研究和交流类境外非政府组织主管单位后第一家在上海成立办事处的非政府组织。

美国当地时间 3 月 5 日，上海市杨浦区和美国帕罗奥多市在帕罗奥多市政厅正式签署建立友好区市关系协议。这是上海市辖区首次与美国地方签署友好区市关系协议。

3 月 15 日，由华东师范大学、美国纽约华美协进社和美国纽约教育局共同组织的美国布鲁克林教育代表团来沪进行中国教育交流与文化体验。访华团先后访问了华东师范大学、上海外国语大学附属中学、七宝德怀特中学、浦东教育局及上海纽约大学。

解放日报

纪念马克思诞辰200周年大会
5月4日10时在人民大会堂举行
习近平将出席并发表重要讲话

为中外企业创造更好营商环境

澎湃

精选 视频 时事 财经 湃客 思想 问政 生活 问吧

首页 > 浦江头条

李强会见美国客人：上海将进一步加强与美国各地全方位合作

澎湃讯
2018-05-02 19:58

字号

5 月 2 日，中共中央政治局委员、上海市委书记李强会见美国蒙大拿州联邦参议员史蒂夫·戴安斯（Steve Daines）一行。李强表示，上海将进一步加强与美国各州、各城市间的全方位合作往来，为包括美国企业在内的中外企业来沪发展创造更好的营商环境。戴安斯说，美中关系是世界上最重要的双边关系之一，此次到访正是为了进一步促进双方各领域交流合作，共同努力实现更大发展。

7 月 10 日，上海市政府和美国特斯拉公司签署合作备忘录，上海市长应勇、特斯拉公司董事长兼首席执行官埃隆·马斯克（Elon Musk）出席并共同为特斯拉（上海）有限公司和特斯拉（上海）电动汽车研发创新中心揭牌。特斯拉公司将在临港地区独资建设集研发、制造、销售等功能于一体的特斯拉超级工厂。这是上海有史以来最大的外资制造业项目。10 月，特斯拉上海超级工厂在临港实质落地。

7 月 19 日，总部位于美国的 GE 医疗宣布在上海成立全新的细胞与基因治疗亚洲技术中心。这是 GE 医疗在亚洲的首个细胞及基因治疗实验室，是对上海全球科研资源配置能力的进一步提升。

美国当地时间 9 月 21 日 -10 月 26 日，上海昆剧团在美国洛杉矶亨廷顿图书馆内的一座中式古典园林里连演了 31 场实景戏剧《夜游·流芳》。该剧取材于昆曲《牡丹亭》，全英文对白。观众可以一边游园，一边观戏，这种由中美合作的浸入式演出模式尚属少见。

10 月 5 日，2018 美国男子职业篮球赛（NBA）中国赛上海站在梅赛德斯奔驰文化中心落幕。这是美国 76 人和独行侠两队第一次来到上海。

11 月 5 日 -10 日，首届中国国际进口博览会在沪举办。近 180 家美国企业参展，参展企业数量位居参展国家中的第三位。美国高通、微软公司、通用电气、谷歌、赛默飞世尔和惠而浦等多家全球五百强和跨国公司均由公司高管率队参展。

12月13日，由上海市美国问题研究所、复旦大学美国研究中心、上海市人民对外友好协会联合主办的“纪念中美建交40周年研讨会”在《上海公报》签署地上海锦江饭店小礼堂举行。来自中美两国的外交亲历者、学界翘楚以及社会贤达百余人与会，共话中美关系的历史、现状与未来。

沪美交流数据纵览

2015-2018 年上海与美国经贸交流情况

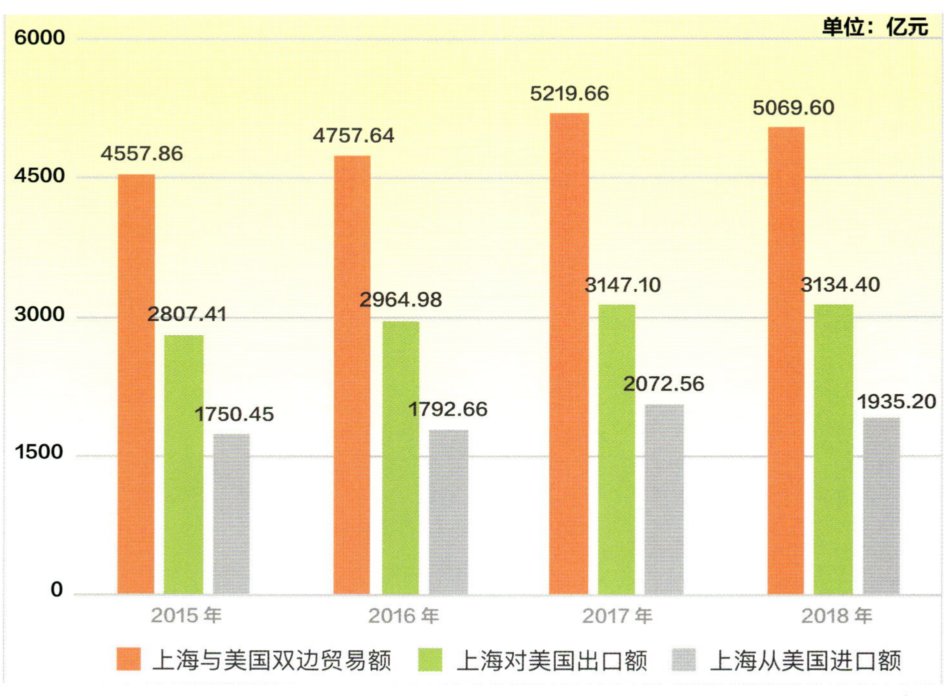

	2017 年（亿元人民币）	2018 年（亿元人民币）	同比变化（%）
上海与美国双边贸易额	5219.66	5069.60	2.9↓
上海对美国出口额	3147.10	3134.40	0.4↓
上海对美国进口额	2072.56	1935.20	6.6↓

2016–2018 年上海接待美、日、韩三国旅游者人次

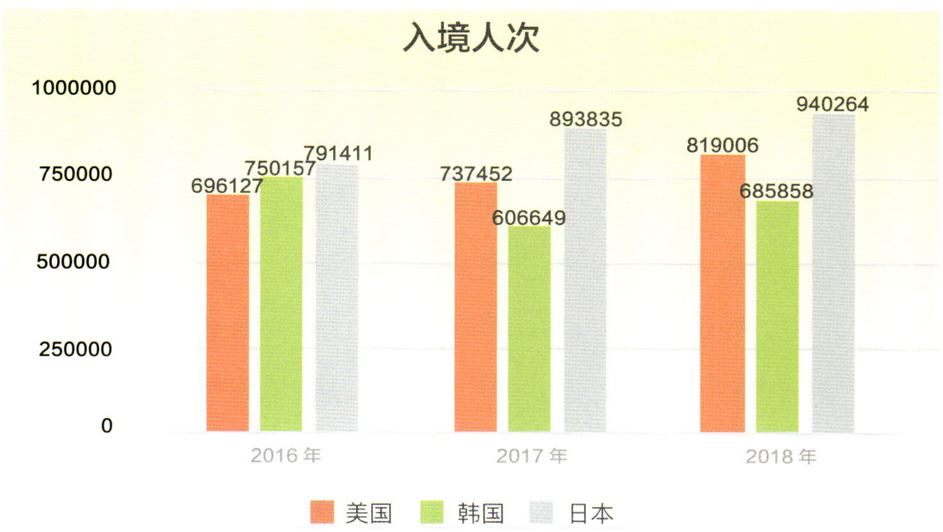

注：2018年，上海接待美国入境旅游者 819,006人次，同比增长 9.39%，美国连续两年成为上海第二大外国客源国（仅按过夜外国人分）。

上海赴美游客和美国来沪游客情况一览表

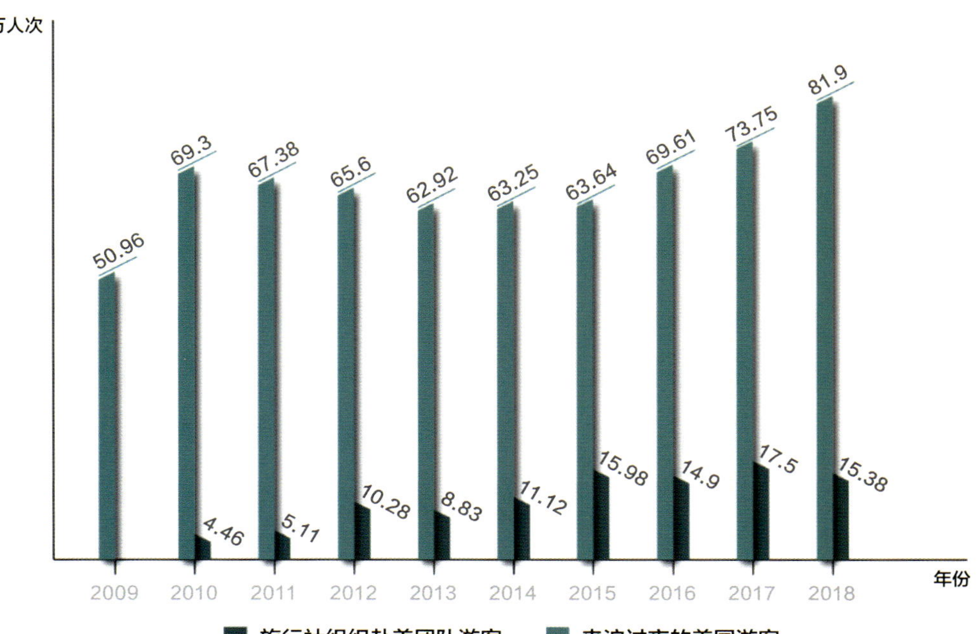

2016–2018年
上海受理美国艺人在沪进行营业性演出年度统计表

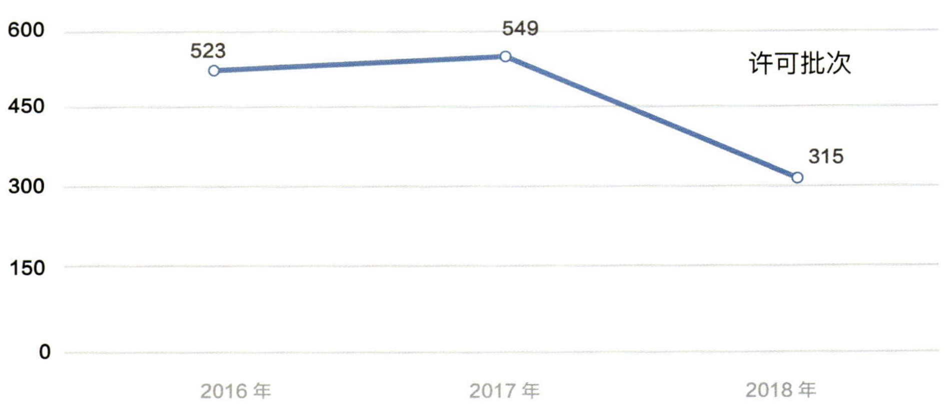

2016–2018年
上海市文化广播影视管理局审批美国进出口艺术品年度统计表

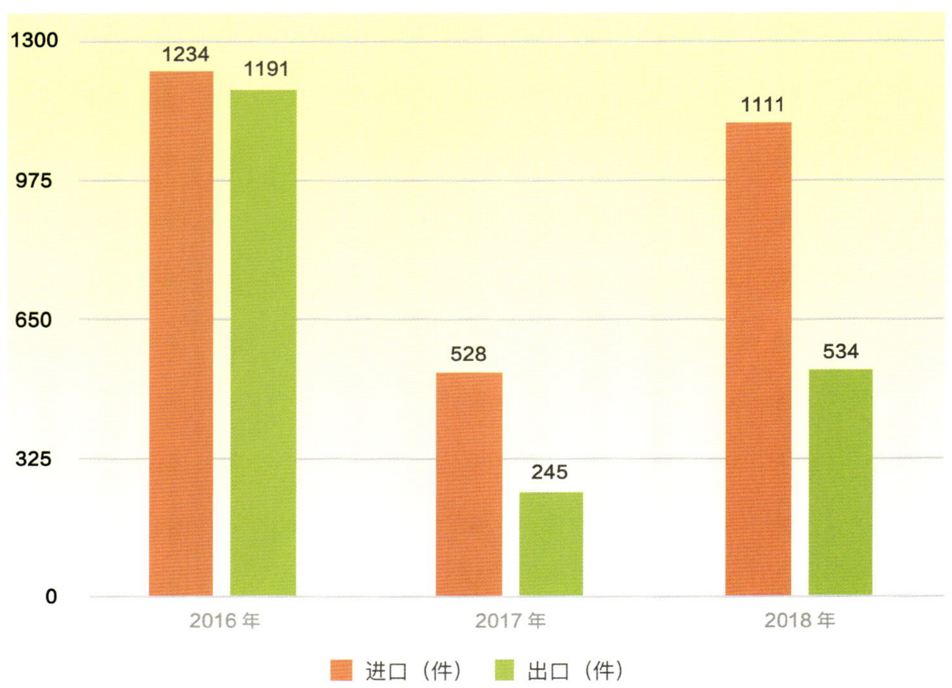

2018
上海与美国地方交流
年度大事记

上海市美国问题研究所 主编

上海遠東出版社

图书在版编目(CIP)数据

上海与美国地方交流年度大事记. 2018/上海市美国问题研究所主编. —上海：上海远东出版社，2019
ISBN 978-7-5476-1495-2

Ⅰ. ①上… Ⅱ. ①上… Ⅲ. ①中美关系—国际交流—大事记—上海—2018 Ⅳ. ①D827.51

中国版本图书馆 CIP 数据核字(2019)第 121142 号

责任编辑 张喜梅
封面设计 李 廉

上海与美国地方交流年度大事记(2018)
上海市美国问题研究所 主编

出　　版 上海远東出版社
(200235 中国上海市钦州南路 81 号)
发　　行 上海人民出版社发行中心
印　　刷 上海锦佳印刷有限公司
开　　本 710×1000 1/16
印　　张 11.75
插　　页 1
字　　数 210,000
版　　次 2019 年 8 月第 1 版
印　　次 2019 年 8 月第 1 次印刷
ISBN 978-7-5476-1495-2/G・953
定　　价 58.00 元

总序

仇朝兵

中美关系是一对非常复杂的双边关系，两国既存在深刻的矛盾、激烈的竞争甚至是冲突，也拥有广泛的共同利益。自1979年正式建交以来，中美关系的发展虽不断面临各种挑战，但整体而言，维持了积极发展的势头：高层互访频繁，双边各层次对话机制不断增加，并越来越制度化；双边经贸关系取得了长足发展，双边贸易额持续增加，双边直接投资也取得积极进展；两国军事关系也取得突破，两国防务部门在2014年签署了"两个互信机制"谅解备忘录("建立重大军事行动相互通报信任措施机制谅解备忘录"和"海空相遇安全行为准则谅解备忘录")；人文交流不断扩大和深化，两国在教育、科技、体育、旅游等领域的交流与合作成果突出；在应对全球及地区挑战方面，两国也进行了密切磋商与合作，共同推动了一些地区和热点问题的解决，促进了世界和平、稳定与繁荣。中美之间已形成了全方位、多层次的交流与互动格局。

习近平主席经常强调，"国之交在于民相亲"。经过建交以来几十年的发展，中美关系的政治和社会基础已比较坚实。全面理解中美关系，既要全面审视两国政府层面的互动，还要认真考察民间、社会层面的交往；既要考察两国政治、经济、安全领域的互动，也要考察社会、人文领域的交往；既要关注两国中央政府层面的、宏观的、战略性的互动，也要全面考察地方政府和地方层面的、微观、具体的交往。中美关系，不仅仅是两国政府之间的关系，还是两个社会之间的关系；不仅仅是两国中央政府之间的关系，还包括两国地方政府之间的关系。随着两国各层次、各领域交往日益走向深入，中美关系的这一特征将会变得更加突出。随着各领域交流的增加，"地方"在中美两国关系中发挥的作用也将越来越重要。研究和关注"地方"层次的交往，将会为我们全面和深刻地理解中美关系提供一个崭新视角。研究"地方"在中美关系或中美交流中的作用，将成为中美关系研究的一个重要学术增长点。

上海是一座富有历史和文化内涵的城市,较早地受到欧风美雨的熏染。上海也是中国改革开放的重要窗口,在中美两国交往的历史中具有特殊地位。

鸦片战争后,中英签订的《南京条约》要求中国开放广州、厦门、福州、宁波、上海五处为通商口岸。美国在1844年7月与清政府签订的《中美五口贸易章程》(《望厦条约》)要求循例准许美国人携带家眷赴广州、福州、厦门、宁波、上海等五港口居住贸易,这为近代美国与上海的接触提供了条约基础。美国与近代中国的经贸关系和文化交流日益深化,美国文化和制度开始对中国社会产生更深刻的影响。中华人民共和国成立后,以美国为首的西方世界对华采取了封锁、禁运和遏制政策,中国也采取了"先打扫屋子再请客"的做法。中国与西方世界相对隔绝了,上海在新中国对外交往中的地位和作用也无法得到充分发挥。

中美关系的正常化和中国的改革开放,为上海在对外交往,特别是在对美交流中发挥积极作用提供了广阔背景。1972年2月28日发布的《上海公报》也充分体现着上海在中美两国交往中的独特地位。当前上海的整体教育发展水平、科技创新能力、经济开放程度、政府治理能力在全国各省、自治区及直辖市中都名列前茅。这既反映了上海改革开放取得的巨大成就,也体现着未来上海在对外交往,包括对美交往中潜力和能力。

随着中国对外开放水平的不断提升、经济和社会文化事业的进步以及中美关系的发展,上海与美国在各个领域的交流与合作也越来越多,在中美两国交往中的地位及其所发挥的作用也将会越来越突出。推动、扩大和深化上海与美国之间的交流,也必将有助于进一步推动上海的改革开放、经济发展、制度创新、社会治理、科技发展、教育进步与学术发展,进一步增进两国人民之间的了解和友谊,促进不同文化之间的理解、尊重和融合。因此,需要从政治和战略高度提高对地方交流之重要性的认识,把上海与美国的交流放在中国对外战略和中美关系的全局中进行思考;胸怀全局,脚踏实地,积极开展各类交流活动,充分利用好上海在全国政治、经济和文化中的独特地位和它作为现代化国际大都市的独特地位,充分发挥上海在对外,特别是对美交流方面的潜力。

研究上海与美国交流的历史与现状,对于拓展中美关系的学术研究领域和深化对中美关系之发展及其特点的认识都具有积极意义。上海市美国研究所组织编写的《上海与美国地方交流年度大事记》(以下简称《大事记》)在这方面进行了具有开创性的探索。

作为目前国内第一部以"地方交流"作为考察中美关系之视角的著述,《大事记》有两大特点：第一是“全面”。它全面涵盖了上海与美国之间的各类交流活动，包括文化艺术活动、教育交流、电影发布、科技合作、人员互访、医疗卫生交流与合作、商业投资活动、学术交流与沪美校际合作等等，充分反映了上海与美国之间的年度交流成果。第二是“简洁”和“准确”。对上海与美国之间的每一项交流活动的介绍，语言简洁朴素，详略得当，可读性强，对关键信息表述准确完整。

正因具备这两个突出特点，才使得《大事记》虽不属于精深的学术研究成果但依然具有不容忽视的学术价值和社会价值。首先是史料价值。通过收集和整理上海与美国之间年度各种交流活动，《大事记》为未来人们深入研究中美关系保留了重要史料，并为进一步挖掘历史资料提供了重要线索。随着未来年度《大事记》的陆续出版，这种价值将会日益凸显。其次，《大事记》成为全面展示、记录上海与美国之间交流与合作成果的重要平台，为人们提供了一种更为丰富多彩的中美关系图景，有助于纠正关于中美关系的各种偏见或谬论。第三，《大事记》在如实展现上海与美国年度交流之成就的同时，也直观地呈现了交流中存在的问题，其“咨政”价值也是显而易见的，这有助于相关决策者有针对性地做出政策调整，进一步改进工作，更好地推动上海与美国之间的交流与合作。

持续扩大和推动上海与美国之间的交流与合作，有助于夯实中美关系的社会基础。全面了解和研究上海与美国之间在各领域的交流与合作活动，有助于我们更加全面、平衡地认识中美关系，也有助于塑造我们更积极的世界观和更健康的大国心态。相信《上海与美国地方交流年度大事记》在其中发挥的作用值得期待！

目录

1月

2日

△美国奥本大学副教授范津砚到访华东师范大学，作题为“事中警告对选拔情境下人格分数的精度以及应聘者感受的影响机制研究：一个现场追踪实验”的学术报告。

△美国纽约大学比较文学系和东亚研究系教授、中国中心主任张旭东到访上海外国语大学，作题为“翻译、区域研究与可比性：试谈比较文学与文化研究的基础理论与方法论问题”的讲座。

△美国佛罗里达大学教授吴大鹏到访上海大学，作题为“以知识为中心的网络：挑战与机遇”的讲座。

3日

△上海师范大学研究生院举行赴美研习交流团总结汇报会，副校长兼研究生院院长柯勤飞、研究生院以及国际交流处负责人出席。该校第五期研究生赴美国南加州大学研习交流团结束了为期两个月的研习交流，带着丰硕的研习成果顺利返校。本期赴美研习交流的研究生来自外国语学院、数理学院、人文与传播学院、生命与环境科学学院、音乐学院等8个学院，涉及英语、语文、数学、历史、生物、物理、地理、教育技术、音乐、美术10个学科。

△美国特拉华大学助理教授陆圣到访东华大学，作题为“What Will Happen to the U. S. Textile and Apparel Industry if NAFTA is Gone”的学术报告。

3—4日

△美国哈佛大学人类学教授麦克尔·赫兹菲尔德(Michael Herzfeld)到访上海外国语大学，作题为“以学术为业：如何找到正确的受众”“欧洲人类学”和

“文化相对主义的伦理学：宽容、接纳与适应”的讲座。

4日

△华东理工大学田禾院士、马骧教授科研团队在纯有机室温磷光材料研究领域取得了突破性进展,《美国化学会志》以“Amorphous Metal-Free Room-Temperature Phosphorescent Small Molecules with Multicolor Photolumine-Scence via a Host-Guest and Dual-Emission Strategy”为题,在线报道了该团队研究工作。

△美国威斯康星大学麦迪逊分校教授张正军到访复旦大学,作题为“While We are Talking about Systematic Risk, do We Have a Probabilistic Definition and a Statistical Solution for It”的讲座。

△美国普渡大学2018年春季嵌入式学期交流项目24名本科生抵达上海,正式开启一学期的学习交流。学生们在上海交通大学学习《中国文化概论》《汉语课》等中国文化课程,并在机械与动力工程学院学习《工程热力学》《传热学》《工程材料》等专业课程。

△美国特拉华大学商学院助理教授王刚到访东华大学,作题为“Improving Learning Habits via Digital Interventions: A Field Experiment of Social Norms”的学术报告。

4—9日

△上海财经大学在美国开展海外优秀人才的招聘工作。5日,招聘团在ASSA年会主会场举办了海外人才招聘宣讲会,吸引了百余名应聘面试者到场。此次招聘共收到近900份应聘简历,经过多轮筛选,共选出160位来自耶鲁大学、哥伦比亚大学、芝加哥大学等国际知名高校的申请人进入面试环节。上海财经大学表示今后将继续加大力度面向全球配置优秀师资,严把思想政治关、师德关和学术关。

5日

△美国哈佛大学费正清研究中心研究员、波士顿学院政治系教授陆伯彬(Robert Ross)到访上海国际问题研究院。院长陈东晓会见来宾。双方就中美关系进行交流。国际战略研究所所长吴莼思、台港澳研究所所长邵育群参加

座谈。

△美国哈佛大学费正清中国研究中心研究员、波士顿学院政治学教授陆伯彬(Robert S. Ross)到访复旦大学美国研究中心,作题为"印太战略与美国东亚安全政策"的演讲。复旦大学国际问题研究院院长吴心伯教授主持了讲座。陆伯彬从中美力量对比变化的角度剖析了美国军事、外交政策调整的深层次原因。

△美国布朗大学教育学院教授李瑾到访上海师范大学,作题为"东西方儿童学习信念发展"的讲座,阐述了文化对儿童学习信念形成的影响。

△美国哈佛大学医学院助理教授冉崇昭到访上海交通大学,作题为"Probe Development for Systemic Molecular Imaging of Alzheimer's Disease"的学术报告。

△美国北德克萨斯大学副教授王鸿到访华东师范大学,作题为"Merging Enamine Catalysis with Metal Lewis Acid Catalysis for Asymmetric OrganicTransformations Processes & π-Extended Porphyrins"的学术报告。

美国当地时间5日

△上海歌舞团以精湛的表演技巧和精致的舞台美术效果,高水准完成了舞剧《朱鹮》在纽约林肯中心的美国首秀。《朱鹮》由中国人民对外友好协会和中共上海市委宣传部联合出品,以环保为主题,讲述了朱鹮这一珍禽与人类相惜相怜的命运。首演之夜,近2000个座位的剧场座无虚席。唯美的东方舞蹈语汇征服了暴风雪中的纽约,人与自然和谐共存的理念引起了西方观众情感上的共鸣。

8日

△2017年度国家科学技术奖励大会在北京人民大会堂隆重举行。复旦大学附属儿科医院双聘PI教授、美国哈佛大学医学院终身教授施扬荣获国家国际科学技术合作奖。施扬长期从事表观遗传学以及染色质生物学的研究,近25年来,他系统性地阐明了该领域中十分关键的甲基化动态调控规律,奠基了甲基化研究的理论体系。

△美国爱荷华大学资深讲习教授弗雷德里克·斯特恩(Frederick Stern)到访上海交通大学,作了一系列船舶与海洋工程领域的学术报告。报告会后,教授对上海交通大学即将试运行的拖曳水池研究工作给出了宝贵的建议。

△美国密苏里州大学副教授邱晓敏到访东华大学,作题为"Sinkhole Risk

Assessment Based on GIS and Remotes Sensing Data”的学术报告。

△美国密苏里大学哥伦比亚分校副教授丁新华(Shinghua Ding)到访华东理工大学,作题为“NAMPT-mediated NAD + Synthesis is Eessential for Neuronal Survival and Motor Function”的学术报告。

9日

△美国纽约城市大学教授大卫·奥利奇诺(David Aulicino)到访复旦大学,作题为“Trajectories on the Platonic Solids”的学术报告。

△美国马里兰大学能源研究中心助理研究员王成威到访上海交通大学,作题为“基于石榴石结构的固态锂金属电池及其界面研究”的学术报告。

△上海美国商会在四季酒店举行月度会员简报会。出席简报会的主讲嘉宾是美国驻上海总领事谭森(Sean Stein)。

美国当地时间9日

△“欢乐春节·上海文化周”系列活动在美国纽约拉开帷幕。系列活动包括上海电影周、上海电视展映周、“上海印象”非物质文化遗产展、“魅力上海”图片展、音乐剧场演出《霸王》及上海大学生中华优秀传统文化海外展演活动。精彩丰富的艺术活动,亮丽的上海元素,给纽约带去浓浓的中国年味。本次活动由中国驻纽约总领馆支持,上海市文化广播影视管理局、上海市人民政府外事办公室和上海市人民政府新闻办公室共同主办。

10日

△美国纽约城市大学教授黄征(Zheng Huang)到访复旦大学,作题为“On Weil-Petersson Geometry on Universal Teichmuller Space”的学术报告。

△由上海市经济和信息化委员会、上海市静安区人民政府与美国亚马逊AWS三方签署战略合作备忘录,启动“上海-亚马逊AWS联合创新中心”项目。该联合创新中心将融合智慧城市的展示体验中心、云创人才中心、国际联动孵化器三方面功能。

上旬

△“2017年浦东新区教师赴美交流研修总结会”在上海海事大学附属北蔡

高级中学举行。会上集中展示了由32名教师组成的3个团队赴美研修的过程及成果。“浦东新区教师赴美研修项目”以海外研修为契机，旨在引导一批“种子教师”通过浸润式的观察实践改变思维方式、转变教育理念，在本土化实践中改进教与学的方式，提升整体专业水平。

11日

△美国圣地亚哥大学副教授林彦廷(Yen-TingLin/Daniel)到访上海财经大学，作题为“Choice of E-Waste Recycling Standard Under Recovery Channel Competition”的学术报告。

△上海美国商会人力资源委员会(HR Committee)和教育委员会(Educational Committee)在上海商城联合举办主题为“Executive Education in China-Beyond the MBA”的活动。活动主讲嘉宾为哈佛商学院上海中心大中华区市场和客户关系系主管特蕾西·庞(Tracy Pang)、通用电气大中华区首席学习官罗伊·谭(Roy Tan)。

△上海美国商会在四季酒店举行主题为“The Golden Rules of Marketing in China”的活动。出席活动的主讲嘉宾为J. Walter Thompson亚太区前任CEO、资深消费心理学专家唐锐涛(Tom Doctoroff)。

12日

△上海美国商会在上海商城举行题为“Storytelling & Leadership-How Leaders Tell Great Stories to Influence Everyone at Work!”的会员培训活动。出席培训活动的主讲嘉宾为REV Training & Coaching的资深培训师杰夫·谭(Jeff Tan)。

13日

△以“实现机会均等、公平与正义”为主题的美国社会工作研究协会第二十二届年会在华盛顿举行，来自美国和欧洲、澳洲、南美、亚洲的学者在会上分享各自研究领域的最新成果。华东理工大学徐永祥教授、朱眉华教授参会。会议期间，美国社会工作研究协会主席詹姆斯·赫伯特·威廉姆斯(James Herbert Williams)与徐永祥所带领的中国代表团进行了会晤，讨论合作交流事宜。

13—14 日

△上海社会科学院与美国布鲁金斯学会多哈中心合作签约仪式暨"'一带一路':中国与中东合作的新机遇"国际学术研讨会在上海社会科学院举行。上海社会科学院党委书记于信汇和布鲁金斯学会多哈中心主任塔力克·尤素福(Tarik Yousef)出席签约仪式并致辞。根据合作协议,双方将在智库建设和学术研究领域开展密切合作,除在联合举办学术研讨会方面形成定期化的合作机制外,还将推动开展合作研究、人员互访等其他形式的合作。

14—18 日

△华东理工大学社会与公共管理学院院长何雪松率团访问美国佛罗里达州立大学。佛罗里达州立社会工作学院詹姆斯·克拉克(James Clark)院长全程陪同。本次访问聚焦两校社会工作、社会学、公共政策等的本科生国际交流项目及研究合作领域,包括灾害社会工作及儿童家庭社会工作。此外,出访一行还作了中国社会工作发展现状及贫困家庭社会工作干预的专题讲演。

15 日

△美国普渡大学工学院副院长乔治·邱(George Chiu)一行到访上海交通大学。该校机械与动力工程学院党委书记兼院长杜朝辉、副院长熊振华及相关教师参加了交流。双方共同回顾了过去 15 年来在学生联合培养、教授互派及科研合作等方面取得的成果,并对下一个 10 年的合作前景进行了展望。

△美国德州农工大学量子科学与工程研究所教授苏海勒(Suhail Zubairy)到访上海大学,作题为"在波导- QED 系统中的光子传输"的学术报告。

16 日

△上海美国商会未来领袖委员会(Future Leaders Committee)在南京西路举行题为"The Power of Believing You Can Improve"的沙龙活动。出席沙龙的嘉宾有心理学家杜依可(Carol Dweck)、Wolfpack 创始人尼克·莫里茨(Nick Moritz)。

△美国俄亥俄大学教授顾停月到访华东理工大学,作题为"A Nature-Inspired Novel Anti-Biofilm Agent for Enhanced Biofilm Mitigation"的学术报告。

△上海市第一妇婴保健院新生儿主任刘江勤携美国内布拉斯加大学儿童医院首席执行官理查德·阿昔思汗(Richard Azizkhan)和新生儿科主任安·安德森-贝瑞(Ann Anderson-Berry)到访复旦大学附属儿科医院。儿科医院副院长翟晓文,外科主任郑珊、副主任李凯、肖现民教授,新生儿科主任曹云等进行了接待。阿昔思汗院长重点介绍了内布拉斯加大学儿童医院情况,表达了与儿科医院深入合作交流的想法。会后,院长一行在李凯副主任的带领下参观新生儿重症监护病房、临床技能培训中心,为双方的进一步交流架起沟通的桥梁。

17日

△美国爱荷华大学副教授李宁到访同济大学,作题为"Social Network Perspectives in Organizational Research: Past, Present, and Future"的学术报告。

18日

△上海美国商会在上海商城举行题为"Self-Management for the Digital Age"的会员培训活动。出席培训活动的主讲嘉宾为资深双语促动师、讲师、教练吴刚(Twinsen Wu)。

△美国欧胜儿童医院(Wolfson Children's Hospital)原院长、佛罗里达大学儿科主任、附属质子治疗中心国际合作部主任托马斯·邱(Thomas T. Chiu)访问上海市儿童医院。双方就医疗、管理、临床研究等展开了深入的交流和讨论。

△美国西北大学教授艾瑞克·裴洛特(Eric Perreault)到访上海交通大学,作题为"Interactions Between Neural Control and Body Mechanics: Implications for Understanding and Restoring Human Movement"的学术报告。

△美国爱荷华大学副教授李宁到访上海大学,作题为"社会网络视角在组织管理研究中的应用"的讲座。

19日

△上海美国商会法务委员会(Legal Committee)在上海商城举行题为"U.S.-China Intellectual Property Cooperation Update"的主题活动。出席活动的主讲嘉宾有Jones Day的合伙人托尼·陈(Tony Chen)、美国加州大学伯克利法

学院伯克利法律技术中心的高级研究员马克·科恩(Mark Cohen)、2017 中美知识产权合作对话主席大卫·卡波(David Kapos)等人。

△美国德州大学安德森癌症中心教授沈玉(Yu Shen)到访复旦大学，作题为“An Overview: Analyses of Survival Data Subject to Biased Sampling”的讲座。

21 日

△美国犹他州立大学化学与生物化学系助理教授刘天骠到访上海交通大学，作题为“Developing New Battery Chemistry for Energy Storage”的学术报告。

22 日

△美国著名期刊《科学》(*Science*)以“New Smart Windows Darken in the Sun and Generate Electricity at the Same Time”为题，对上海电力学院数理学院林佳博士所取得的研究成果进行了专题报道，这标志着中国在科技创新领域取得了重大突破。林佳博士在世界上首次设计并制备了一类称之为“热致变色太阳能电池”的器件，结合了光伏发电和热致变色的特征，使得智能光伏玻璃的应用成为可能。

22—23 日

△“中国当代音乐中的理论与实践：中美交叉视角”学术研讨会在美国纽约茱莉亚学校举行。茱莉亚学校音乐理论与分析系主任斯蒂芬·莱茨教授主持会议，上海音乐学院中国当代音乐研究与发展中心主任钱仁平教授作主旨演讲及会议总结。来自茱莉亚学校、密歇根大学、哈佛大学、罗格斯大学，与上海音乐学院、中央音乐学院、武汉音乐学院、华东师范大学、苏州大学、上海大学等中美高校的作曲家、理论家、演奏家应邀出席会议，多位音乐家作学术演讲。多位来自上海音乐学院音乐理论与分析专业方向在读博士研究生报告了有关中国当代音乐创作研究的最新成果。

23 日

△上海美国商会运动与娱乐委员会(Sports and Entertainment Committee)

在四季酒店举行题为“The E-Sports Phenomenon(Riot Games，Alisports，ESL Gaming & Nielsen Sports)”的主题活动。出席活动的主讲嘉宾为Alisports的全球eSports主管杰森·冯(Jason Fung)、Nielsen Sports的亚洲区经营主管盖伊·波特(Guy Port)等。

24日

△上海美国商会在上海商城举行主题为“Manufacturing 2018-Challenges and Opportunities”的活动。出席活动的主讲嘉宾为Hormel(中国)投资有限公司的总经理诺曼·顾(Norman Gu)等。

△上海美国商会在上海商城举行题为“Managing Efficiently a Multicultural Team Across Geographies”的会员培训活动。出席活动的主讲嘉宾为Cross Roads Communications的高级咨询师、培训师希尔薇·图尼耶(Sylvie Tournier)。

△上海美国商会人力资源委员会(Human Resources Committee)在上海商城举行主题为“Talent Shift：Joining Chinese Companies：Is Joining a Chinese Company a Good Choice for Your Next Career Move?”的活动。出席活动的主讲嘉宾有Heidrick & Struggles International的合伙人查理·刘(Charlie Liu)、安永大中华区人力资源主管爱丽丝·王(Alice Wong)等。

25日

△上海美国商会在上海商城举行题为“E-Commerce in China-What You Need to Know to Successfully Sell Online in the World's Largest Market!”的会员培训活动。出席培训活动的主讲嘉宾为资深培训师西里尔·德鲁安(Cyril Drouin)。

△上海美国商会健康委员会(Healthcare Committee)在上海商城举行题为“2018 Health Industry Outlook”的主题活动。出席活动的主讲嘉宾为普华永道的合伙人徐佳(Xu Jia)。

△美国韦伯州立大学外事副校长克利夫·诺威尔(Cliff Nowell)率该校国际事务行政主管到访上海理工大学。两校商定在数学、物理、化学、医疗器械等学科领域开展学生交流交换以及科研合作。

29日

△美国科学院院士、斯克里普斯研究所教授朱利叶斯·雷贝克(Julius Rebek)到访华东师范大学,作题为"Recognition and Catalysis in Deep Cavitands"的学术报告。

30日

△上海市卫生和计划生育委员会副主任吴凡会见了美国卫健策略高级副总裁亚当·卡帕蒂博士(Adam Karpati)一行。双方就"数据为健康"项目、公共卫生、健康促进等议题进行了深入探讨。

下旬

△总部位于美国的国际游乐园及景点协会(IAAPA)在上海设立首个大陆地区代表机构,以拓展和加强其在亚太地区的项目和服务。同时,这也是上海市旅游局成为上海涉旅研究和交流类境外非政府组织主管单位后第一家在上海成立办事处的非政府组织。30日,上海市副市长陈群在市政府会见国际游乐园及景点协会(IAAPA)总裁兼首席执行官保罗·诺兰(Paul Noland)、IAAPA董事会轮值主席安得森(Anderson)。陈群副市长表示,希望IAAPA能更多与申迪集团这样的伙伴合作,举办形式多样、内容丰富的行业活动,积极推动上海乃至全国主题乐园行业发展,为上海加快建设具有全球影响力的世界著名旅游城市建言献策。申迪集团总裁周峻、副总裁邵晓云,市旅游局副局长程梅红等参加会见。

本月

△美国驻上海总领事馆政治经济处环境科技卫生副领事锡泰和经济专员陈欣荣访问上海疾控中心,了解上海在防止艾滋病方面的工作情况。

△美国疾控中心 Pascale Krumm 博士和 Nausheen Ahmed 博士来沪开展"预防医学循证报告撰写"培训班。该培训系中美合作"数据为健康"项目中的一项活动。

△总部位于上海的绿地集团董事长、总裁张玉良赴美国考察,拜会美国纽约市长白思豪(Bill de Blasio)。双方就深化项目合作、加快投资发展达成共识。在美期间,张玉良应邀出席了美国中国总商会迎新晚会并接受了纽约州长库墨

(Andrew Cuomo)颁授的“杰出社会贡献奖”，以表彰绿地集团对美国当地社会经济发展所做出的积极贡献。此外，绿地集团还就纽约布鲁克林绿地太平洋公园项目与合作方美国森林城公司签署协议，绿地以零对价收购森林城公司所持合资公司25%股份，并就合作开发项目部分建筑与美国知名房产开发企业Moinian集团签署备忘录。

2月

1日

△上海美国商会不动产和建筑委员会(Real Estate and Construction Committee)举办主题为"Shanghai Property Market Outlook"的活动。出席活动的主讲嘉宾有 Jones Lang LaSalle Surveyors(上海)有限公司的副主管迈克尔·约翰·波尔(Michael John Ball)等。

△上海美国商会在上海商城举办主题为"The Art and Science of Diagnostic Thinking-How Solving the Right Problem the First Time is Critical for Innovation"的活动。出席活动的主讲嘉宾是美国华盛顿圣路易斯大学教授杰克逊·尼克森(Jackson Nickerson)。

2日

△上海美国商会在上海商城举办题为"更好地管理你的数据- EXCEL 数据处理与统计技巧课程(Better Manage Your Data-Excel Data Analysis Skill Training)"的会员培训活动。出席培训活动的主讲嘉宾是微软高级培训师帕斯塔·裴(Pasta Pei)。

△国际顶尖学术期刊《细胞》(*Cell*)以"5-HT2C Receptor Structures Reveal the Structural Basis of GPCR Polypharmacology"为题在线发表了上海科技大学 iHuman 研究所在人体细胞信号转导研究领域的研究成果。这是该所继2016 年、2017 年在国际上发表大麻素受体、胰高血糖素样肽受体高分辨率三维结构等研究结果之后的又一重大突破。

4—9日

△上海交通大学校长、党委副书记林忠钦率团访问美国,拜访了美籍华裔物

理学家、诺贝尔物理学奖获得者李政道，并访问斯坦福大学、加州大学洛杉矶分校、南加州大学及相关研究机构，进行了深入的交流，进一步推动了李政道研究所的建设以及上海交通大学与美国一流大学的深度合作。

6日

△美国汉学家、首都师范大学外籍专家莫大伟(David Moser)到访上海纽约大学，作题为“中国建立通用语言的历程：普通话的前世今生(China's Search for a Common Language: The Past and Future of Putonghua)”的讲座。

△上海美国商会在四季酒店举办题为“China's Consumers in the New Era”的月度简报会。出席简报会的主讲嘉宾是中国市场研究集团董事、总经理雷小山(Shaun Rein)。

△上海美国商会在新天地举办主题为“How the Sharing Economy Can Create Value for Us”的活动。出席活动的主讲嘉宾为香港中文大学EMBA项目主管安德鲁·陈(Andrew Chi-fai Chan)和多米尼克·陈(Dominic Chan)教授。

7日

△上海美国商会市场和媒体委员会(Marketing & Media Committee)举办主题为“Super Bowl Creative Showcase: The Best and Worst TV Commercials from this Year's Big Game”的活动。出席活动的主讲嘉宾有赞那度(ZANADU)的联合创始人及首席创意总监艾伯通(Dirk Eschenbacher)等。

8日

△美国著名期刊《科学·转化医学》(*Science and Translational Medicine*)最新一期封面文章报道了上海中医药大学杨永清教授带领科研团队在抗哮喘靶标和针灸效应物质的基础研究中取得的重大进展。《科学》主审编辑专门为论文成果做了评论，认为这是一篇令人振奋、引发深思的创新力作。这是中国中医人第一次在《科学》专业子刊发表拥有自主知识产权的原创性科学文章，也是中国科学家验证的第一个支气管哮喘新靶标。

△上海杏花楼集团在黄浦区行政服务中心拿到旗下杏花楼食品有限公司《出口食品生产企业备案证明》，使近10吨新鲜出炉的松糕和八宝饭能赶在正月

十五之前运往美国和澳大利亚，让海外华人也能尝到家乡味道。拥有167年历史的杏花楼由此实现首次海外出口。

9日

△上海美国商会在上海商城举办题为“Make Your Best First Impression on LinkedIn”的午餐学习会活动。参加活动的主讲嘉宾为rQuadrant的创始人瑞恩·柏奇(Ryan Purkey)。

△上海纽约大学发布2017年毕业生去向情况：首届本科毕业生包括141名中国学生和120名国际学生。选择就业的中国毕业生共69人，选择出国(境)留学的共72人。在出国留学的中国毕业生中，有49人被《美国新闻和世界报道》(*U. S News & World Report*)世界大学排名前50位的大学录取，包括美国哈佛大学、麻省理工学院等。在120名国际学生中，有8名外籍学生毕业后选择在华各大顶尖高校继续攻读研究生学位，包括清华大学、上海交通大学等。受惠于2016年颁布的《上海人才新政30条》规定，上海纽约大学的11名外籍毕业生留沪工作。

上旬

△上海市公安局根据中国纽约总领事馆相关要求，制作了一部3分钟视频短片，简要介绍上海公安概况，展示上海风貌，回顾上海市公安局与纽约市警察总局的交流合作情况。该短片在中国驻纽约总领事馆为纽约警察总局举办的年度答谢招待会上播放。

△“美国总统轮船”中国公司的船长乔纳森·科姆洛希(Jonathan F. KomLosy)向上海国际港务股份有限公司振东分公司发出感谢信，对该公司向落水的外籍船员实施成功的营救表示感激。

△美国陶氏化学公司宣布正式启动位于上海张江高科技园区的陶氏中心办公楼。该中心包括陶氏全球研发中心、全球信息技术支持中心以及亚太区总部，是陶氏在美国本土以外规模最大、技术水平最高的研发机构。

△位于淞沪路的杨浦双创国际中心大楼，作为杨浦的首个双创保障性功能载体正式启动。在全新的大楼里，美国湾区委员会、“双创小巨人”企业优刻得成为杨浦双创国际中心的首批入驻机构。在当天的全区“优化营商环境，全面建成高水平国家双创示范基地动员大会”上，杨浦区创新创业“十大品牌”集中发布。

13日

△作曲家、导演、美国纽约大学讲师罗兰·欧泽(Roland Auzet)到访上海纽约大学,作题为"创意与创造力项目工作坊(A Way of Theater and Music Creative Workshop)"的讲座。

14日

△复旦大学药学院院长王明伟研究员在位于美国加州的安捷伦技术公司总部会晤了生命科学与应用市场部总裁帕特里克·卡尔滕巴赫(Patrick Kaltenbach)和安捷伦科技(中国)有限公司大中华区学术科研、临床和战略项目总经理赵影。双方在取名为"DNA"的总裁会议室进行了热烈的讨论,就参加上海具有全球影响力科创中心建设,在张江高科技园区合作成立卓越技术中心的意向方面达成一致。

16日

△美国纽约林肯中心举办"欢乐春节·艺术中国汇"活动,吸引了大批当地居民。活动背景是以《清明上河图》为灵感的半成品画卷,当地学生和来自中国的少年儿童在上面作画,将他们眼中的纽约市地标拼接在一起。"欢乐春节·艺术中国汇"活动创办四年来在纽约越来越受到认同。纽约的孩子们对中国传统文化的接触已经不单局限于春节期间。"立春"时,在布鲁克林区政厅里,近百名美国中学生参加了由北京国际设计周和合众美华教育主办的"二十四节气"文化习俗交流活动。集体合唱《茉莉花》后,他们在中国艺术家的指导下学习了剪窗花、泥塑生肖和盘上国画等中国民俗艺术。

18日

△上海师范大学参与合作的美国密苏里大学孔子学院在美举行春节系列活动。校长崔闵(Mun Y. Choi)携夫人参加系列活动之一的University Club中国年活动,观看了孔子学院的专场演出。孔子学院教师和志愿者自编自排的气功舞蹈《气舞》、古筝独奏《渔舟唱晚》、傣族舞《月光下的凤尾竹》赢得了美国友人的阵阵掌声。

21 日

△上海交响乐团音乐总监余隆登上美国纽约林肯中心的舞台，指挥纽约爱乐乐团演出新春音乐会。林肯中心响起了李焕之的《春节序曲》和中国民歌《小河淌水》。这是余隆连续第七次执棒纽约爱乐新春音乐会。

22—27 日

△美国国际法学生联合会与美国国际法学会联合主办的“第十六届杰赛普(JESSUP)国际法模拟法庭中国赛区选拔赛”在中国人民大学举行，华东政法大学国际法学院代表团获得亚军。

23 日

△复旦大学药学院院长王明伟研究员在美国南加州访问了美国通用原子公司(General Atomics)系统下属的 Diazyme 实验室，与总经理袁崇生博士就由其设立专项基金从 2018 年起资助中国教师和研究生参加全球药剂学教育网络(The Globalization of Pharmaceutics Education Network, GPEN)学术会议等事宜达成一致。

24—27 日

△“国际 MAQC 组学大数据质量控制学会第二届学术研讨会”在复旦大学召开。复旦大学副校长金力和美国 SAS 公司的罗素·沃尔芬格(Russ Wolfinger)担任大会名誉主席，MAQC 学会主席石乐明教授担任大会主席，美国 FDA 的 Weida Tong 担任大会程序委员会主席。共有来自十多个国家的 200 余名科研人员、临床工作者和在读学生参加研讨会。

25 日

△由美国芝加哥艺术博物馆举办的“吉金鉴古：皇室与文人的青铜器收藏”在美国芝加哥展出。这次展览共有 104 件(套)展品参展，其中上海博物馆出借的 31 件(套)文物，展示出青铜文明在中华历史文明脉络里对文化和礼制社会发展所起到的独特引领作用。上海博物馆现藏最重要的青铜器之一——商代晚期小臣系卣首次出馆展示。

27日

△上海美国商会在波特曼-丽思卡尔顿酒店举办主题为“U. S. -China Trade Relations：What's Coming?”的活动。出席活动的主讲嘉宾为美国商会大中华区执行主任王杰(Jeremie Waterman)。

28日

△上海美国商会不动产和建筑委员会(Real Estate and Construction Committee)在漕河泾的古莎齿科举办主题为“Smart and Sustainable Buildings”的活动。出席活动的主讲嘉宾为 Isity Global 的首席执行官保罗·贝迪(Paul Beddie)等。

△上海美国商会在上海商城举办题为“Accountability Builder：Taking the Personal Accountability Track”的会员培训活动。出席培训活动的主讲嘉宾为DOOR International B. V. 的亚太和中华区副主席塞巴斯蒂安·利略(Sebastian Lillo)。

△美国著名纪实作家罗宾·赫姆利(Robin Hemley)到访上海纽约大学，作题为“The Literary Reading Series：Writer and Professor Robin Hemley”的演讲。

下旬

△由上海纽约大学田兴、白帆，纽约大学大卫·珀佩尔(David Poeppel)、滕相斌和浙江大学丁鼐合作完成的研究项目结果，以题为《想象的声音影响感知声音的响度》的论文发表在《自然》(*Nature*)子刊《自然·人类行为》网站上。该研究发现，在脑中想象自己说话，会影响人们对外部真实声音音量的判断，提供了关于大脑活动本质的许多新见解。

本月

美国华特迪士尼公司全球安保副总裁琳达女士一行拜会上海市公安局，与有关部门就上海迪士尼园区智慧安保建设进行座谈。

3 月

1 日

△上海美国商会在上海商城举办题为“项目管理精华 TM：献给非职业项目经理们(Project Management Essentials for the Unofficial Project Manager TM)”的会员培训活动。活动主讲嘉宾为富兰克林柯维(中国)(FranklinCovey China)的管理咨询师亨利·何(Henry He)。

2 日

△上海美国商会在文华东方酒店(Mandarin Oriental Hotel)举办主题为“WeForShe：数字之外(WeForShe：Beyond the Numbers)”的女性经理人网络第三届年会。年会主讲嘉宾有美国驻上海总领事馆副总领事关德琳(Gwendolyn Cardno)、分众传媒首席战略官陈岩等。

△中药全球化联盟主席、美国耶鲁大学教授郑永齐(Yung-Chi Cheng)，耶鲁大学副研究员蒋早立及医起医药科技有限公司首席运营官刘淑惠(Shwu-HueyLiu)等一行到访上海海洋大学。双方就合作建立“食品-健康国际合作研究中心”的相关事宜进行了交谈，一致认同将在实验室、科研、技术和人员等多个方面进行合作交流，逐步创建和发展该合作研究中心，促进在食品、中药与健康领域的科学研究与技术开发。

5 日

△上海市杨浦区与美国加州帕罗奥多市在帕罗奥多市政厅正式签署建立友好区市关系协议。

△第八届国际模拟仲裁庭竞赛上海赛(MOOT Shanghai)在华东政法大学举行开幕式。本届赛事由华东政法大学和上海政法学院联合主办，国际商会仲

裁院与上海国际仲裁中心协办。来自美国、英国、德国等海内外10个不同国家和地区的24支代表队参赛。

△上海交通大学法学院副教授王彬到访美国西北大学法学院，进行为期一周的学术交流。访问期间，王彬观摩了就业歧视法课程的教学，应邀就中国就业歧视的立法及实践作主题演讲，并与多名相关领域教授进行交流讨论，与在美国西北大学攻读学位的上海交通大学学生进行座谈交流。

5—8日

△中国商飞公司总经理赵越让访问美国，分别会见了美国Honeywell航空航天总裁兼首席执行官马天明(Tim Mahoney)，UTAS电源、环控及发动机系统事业部总裁蒂姆·怀特(Tim White)及GE全球副总裁、航空商用发动机总经理比尔·菲茨杰拉德(William Fitzgerald)等。会见中，双方进行了项目进展回顾，各供应商介绍了新技术研发情况。各方表示将继续加强沟通交流、深化协同，加快推动项目进展。

6日

△美国德州大学达拉斯分校教授苏雷什·拉达克里希南(Suresh Radhakrishnan)到访复旦大学，作题为“R&D Investment and Firm Growth: The Role of Tangible Asset Complementarity”的学术报告。

△上海美国商会企业家委员会(Entrepreneurship Committee)在上海商城举办主题为“与WeWork联合创始人、首席文化官麦克凯尔维交流(Fireside Chat with Miguel McKelvey, WeWork Co-Founder and Chief Culture Officer)”的活动。活动主讲嘉宾为WeWork的联合创始人、首席文化官米格尔·麦克凯尔维(Miguel McKelvey)等人。

△上海美国商会在四季酒店举办月度会员简报会。简报会的主讲人为美国驻上海总领事谭森。

7日

△上海中医药大学康复医学院副院长胡军到访美国奥古斯塔大学，作题为“通过作业治疗促进健康和社会参与：在上海城市老年人中开展易筋经功法锻炼”的讲座。讲座介绍他开展易筋经社区推广的经历，并与参会人员分享其通过

组织社区老年居民练习易筋经,从而促进老年人身体健康状况和参与社区活动的相关研究。

8日

△上海美国商会在上海商城举办题为“在工作中领导需要留意的问题(Mindfulness at Work for Leaders)”的午餐学习会。出席活动的主讲嘉宾为Potential Project 的中国及香港区域主管托尼·迪克尔(Tony Dickel)。

△美国西东大学(Seton Hall University)外交与国际关系学院副院长伊丽莎白·哈平(Elizabeth Halpin)和黄严忠(Yanzhon Huang)教授带领14名来自北美、欧洲、非洲等地区的研究生到访上海外国语大学国际关系与公共事务学院,在松江校区开展“新时代中美青年交流会”以及文化交流活动。

△上海中医药大学校长徐建光等人会见到访的美国南阿拉巴马大学第一常务副校长大卫·杰克逊(David Johnson)、科维联合健康学院院长戈赫·弗雷泽(Gorge Frazer)、陈旸教授一行,表示国际化是两校发展战略的共同议题,深化教育领域合作交流,同时推进科学研究项目,能惠及大健康社会服务领域。

△美国洛约拉马利蒙特大学法学院院长迈克尔·沃特斯通(Michael Waterstone)一行到访上海交通大学法学院。双方就联合研究、合作办学、短期课程交流等进行了合作可行性的探索。

8—14日

△美国西弗吉尼亚大学,英国西英格兰大学、斯特拉斯克莱德大学,澳大利亚科廷大学,德国勃兰登堡科技大学代表团到访上海电力学院。学院党委书记李明福、党委副书记李艳玲会见了美国西弗吉尼亚大学副校长威廉·布鲁斯汀(William Brustein)为首的代表团,双方进行了热烈友好的洽谈,就学科合作、教师培训、学生交流等达成初步合作意向。

9日

△美国明尼苏达大学国际项目负责人汉娜·屈特(Hannah Kuetherr)、校友张少伟到访上海交通大学法学院,进行招生宣传讲座。宣讲会结束后,双方表达了加强合作的意愿。

10日

△美国驻上海总领事谭森、副总领事关德琳参加在上海举行的第一次世界妇女经济论坛，与其他外交和商业界的精英们讨论关于妇女与经济发展问题。

上旬

△上海交通大学教授季卫东应美国华盛顿大学法学院邀请，出席关于法学教育创新的国际研讨会作主题发言，并访问多所美国法学院，与各院院长进行会谈，推进校际国际合作项目。

△上海看见爱志愿者服务中心和上海美国学校 EYEdcute 俱乐部的志愿者们参加上海市闵行区首届梅龙镇慈善嘉年华。志愿者们通过舞台表演，向社会公众进行良好用眼行为习惯倡导行动。

11日

△美国佩珀代因大学法学院代表团一行到访了上海政法学院。代表团成员包括法学院施特劳斯争议解决中心教学主任托马斯・斯蒂普诺维奇（Thomas Stipanowich）教授和中国项目负责人杉米・刘（Sammy Liu）女士。斯蒂普诺维奇为国际法学院师生开讲座并与同学们进行交流。讲座结束后，代表团一行会见上海政法学院校长刘晓红、国际交流处副处长张正怡等，还参观了学校图文信息中心和中国-上海合作组织国际司法交流合作培训基地。

△上海交通大学公共行政系吕晓俊老师赴美参加第七十九届美国公共管理学会（ASPA）年会，作题为“Emotional Labor in China: Culture Contxt, Management Traditions and Findings”的主题发言，阐述了在中国公共部门中开展情绪劳动的重要性和普遍性，以及在儒家传统思想影响下人们开展情绪劳动时呈现出与其他文化背景下差异化的特点。

12日

△美国加州大学戴维斯分校理学院院长亚历山德拉・纳弗洛斯基（Alexandra Navrotsky）教授到访上海交通大学，作题为“A Career in Thermodynamics, Geochemistry, and Materials Science”的学术报告。同日，亚历山德拉・纳弗洛斯基教授作为嘉宾参加“对话大师”活动，和同学们分享她的经历以及她对人生追求的感悟。

△华东理工大学教授龙亿涛课题组与美国伯克利大学卢克·李(Luke Lee)教授在纳米孔电极单细胞分析领域取得新进展，其相关研究工作以“Asymmetric Nanopore Electrode-Based Amplification for Electron Transfer Imaging in Live Cells”为题被《美国化学会志》(*Journal of the American Chemical Society*)以在线形式报道。

△上海美国商会法律和汽车委员会(Legal and Automotive Committees)在上海商城举办主题为“无人驾驶汽车发展的全球趋势(Global Trends of Connected and Autonomous Vehicles)”的活动。活动主讲嘉宾为福特公司亚太区电气化车辆及无人车辆执行主管约翰·成(John Cheng)等人。

13 日

△上海美国商会与美国消费安全委员会(U. S. Consumer Product Safety Commission, USCPSC)等单位在万豪酒店合作举办主题为“美国消费安全委员会为买家和供货专家提供消费品安全培训(USCPSC Consumer Product Safety Training for Buyers and Sourcing Professionals)”的活动。出席活动的主讲嘉宾有美国消费安全委员会的高级纺织技术专家杰奎琳·坎贝尔(Jacqueline Campbell)等人。

△上海美国商会未来领袖委员会(Future Leaders Committee)在上海商城举办题为“薪酬调研(Salary Survey Roundtable)”的圆桌会议。出席活动的主讲嘉宾为 ADP 北亚区市场主管肖恩·任(Sean Ren)。

△美国霍尼韦尔公司工程运营部及信息技术部高级副总裁麦凯帝(Krishna Mikkilineni)、霍尼韦尔科技事业部全球总裁张宇峰博士及霍尼韦尔科技事业部副总裁兼中国区总经理罗文中博士一行到访上海交通大学学生创新中心与零号湾全球创新创业集聚区。麦凯帝博士作讲座，回顾了自己在霍尼韦尔的工作经历，介绍了霍尼韦尔公司的主要情况，并提到了霍尼韦尔的卓越工程师企业课程，表示愿意与中国高校积极合作，推广霍尼韦尔的优秀技术与设计理念。

△美国伊利诺伊大学厄巴纳-香槟分校教授瞿培勇(Annie Qu)到访复旦大学，作题为“Multilayer Tensor Factorization with Applications to Recommender Systems”的讲座。

△上海保利大剧院举行 2018“春之季”系列演出新闻发布会。本季推出 33 台 56 场精彩演出，包括喜剧、话剧和交响乐等，其中美国太平洋交响乐团出演音

乐会,由世界级大师平夏斯·祖克曼担任小提琴演奏,指挥家卡尔·圣克莱尔执棒。

14日

△上海图书馆副馆长刘炜等人接待到访的美国哈佛大学燕京图书馆(Harvard-Yenching Library)馆长郑炯文(James K. M. Cheng)等一行3人。双方就两馆之间加深交流层次展开讨论,在馆藏古籍善本、家谱、地方志的资源建设方面提出建议。会后,刘炜展示了上海图书馆正在完善中的数字人文平台,包括古籍、家谱、人名规范档等成果,得到了美国同行的高度赞赏。

△上海美国商会汽车委员会(Automotive Committee)在波特曼-丽思卡尔顿酒店举办题为"机车环保系统(The Ecosystems of Electric Vehicles)"的论坛。出席论坛的主讲嘉宾有CATARC的汽车数据中心政策研究员王律(Lyu Wang)、福特亚太区动力机车主管马赞·哈穆德(Mazen Hammoud)等。

△上海美国商会在上海商城举办题为"Connecting at the C-Level"的会员培训活动。活动主讲嘉宾为普华永道的高级经理埃里克·巴恩斯(Erik Barnes)。

△上海美国商会在上海商城举办题为"浙江丽水的生态休闲工业(Ecological Leisure Industry in Lishui, Zhejiang Province)"的工业园区系列宣讲会。活动主讲嘉宾为丽水市商业局副局长常晶静等。

△2016年诺贝尔经济学奖获得者、美国哈佛大学教授奥利弗·哈特(Oliver Hart)到访上海交通大学,作题为"监管的利弊得失分析"的讲座,并与在场听众就金融监管、信息不对称导致的协调问题等进行探讨。哈特在市场监管等方面的研究对于中国经济的整体健康发展有诸多启示意义。

△美国肯塔基大学生物医学工程系主任张贵根(Guigen Zhang)到访华东理工大学,作题为"The Biomaterial Industry: Perspectives on Challenges to Achieve Clinical Success with Medical Devices"的学术报告。访问期间,在教育部医用生物材料中心教师的陪同下,张贵根参观了材料学院分析测试平台和教育部医用生物材料研究中心,并与该校副校长刘昌胜深入讨论了生物领域中的模拟问题、生物材料与细胞的相互作用等,以及今后科研合作意向和计划。

△美国艾默里大学法学院院长詹姆斯·休斯(James B. Hughes, Jr.)、业务主管菲比·史蒂文生(Phoebe Stevenson)、研究生项目副主任杰西卡·迪沃

肯(Jessica Dworkin)到访华东政法大学，会见该校法律学院院长金可可等人。双方期待在教师互派交流、合作科研、共同举办研讨会等方面进一步加强合作，推动中美法律专业深入交流。

△美国德州大学大河谷分校管理学系主任吴思斌教授到访同济大学，作题为“Behavioral Economics in Research Alliances: Intrinsic Motivation, Loss Aversion, Performance”的讲座。

14—17 日

△第八届约翰森国际青少年弦乐比赛(Johansen International Competition for Young String Players)在美国华盛顿举行。上海音乐学院-英皇联合学院学员林怡秀在比赛中获得中提琴第二名的优异成绩。

15 日

△美国驻华武官戴若柏(Robert Brian Davis)准将到访复旦大学国际问题研究院，与该院院长、美国研究中心主任吴心伯教授就当前中美两军关系交换了意见。

△美国杜克大学社会学系教授高柏到访上海交通大学，作题为“产业政策与竞争政策——从法社会学的视角看经济新结构”的讲座。

△美国埃默里大学法学院院长詹姆斯·休斯(James B. Hughes)教授一行到访上海交通大学法学院。双方院长对两院之间现有的合作模式给予高度的评价与肯定，就合作办学过程中的细节问题进一步交换意见，并希望在继续深化现有合作项目的同时，酝酿并开拓新的合作领域，培育新的合作项目。

15—22 日

△应加拿大滑铁卢大学、美国罗格斯大学及里海大学等高校邀请，华东理工大学校长曲景平率团对上述学校及中国驻多伦多领事馆、驻纽约领事馆进行了访问，为华东理工大学深化同加拿大、美国高校的合作交流打下坚实基础。

15—24 日

△美国纽约布鲁克林教育代表团一行人开展了中国教育交流与文化体验之旅。该项目由孔子学院总部/国家汉办资助，由华东师范大学，美国纽约华美协

进社和美国纽约教育局共同组织。访华团成员包括美国纽约教育局学监迈克尔·菲利普·普瑞尔(Michael Phillip Prayor)、美国纽约华美协进社孔子学院中方院长周晓霞教授和美国中学校长。在华期间,教育团访问了华东师范大学、上海外国语大学附属中学、七宝德怀特中学、北京师范大学附中、浦东教育局及上海纽约大学。

16日

△上海美国商会在上海商城举办主题为"武汉视角:傅杰明领事谈中国中部地区蓬勃发展的商业环境(The View from Wuhan: U. S. Consul General Fouss on Central China's Booming Business Climate)"的宣讲会。出席活动的主讲嘉宾为美国驻武汉总领事傅杰明(Jamie Fouss)。

△上海美国商会在世纪商贸广场举办主题为"光照性皮肤老化:如何预防和治疗(Photoaging: What to Do to Prevent and Reverse it)"的活动。活动主讲嘉宾为嘉会医疗的皮肤病学主任米歇尔·丁(Michelle Ding)教授。

△美国纽约华美协进社社长贺志明(James B. Heimowitz)到访华东师范大学,会见该校副校长汪荣明。双方就目前形势与既有合作、外派教师选拔与赴任以及孔子学院未来发展展开讨论。

△美国辛辛那提大学药学院副院长闫秉芳到访复旦大学药学院。双方就开展教学科研合作等议题进行了交谈,期待予以落实。

△美国罗彻斯特大学泌尿外科及肿瘤放射学教授张传祥到访上海市第九人民医院,与该院泌尿外科进行学术交流活动,达成合作意向。

19日

△美国加州大学尔湾分校教授孙立志(Lizhi Sun)到访上海交通大学,作题为"Magneto-viscoelasticity and Semi-active Control of Structures Embedded with Magnetorheological Isolation System"的学术报告。

△美国犹他大学副教授詹姆斯·萨瑟兰(James C. Sutherland)到访上海交通大学,作题为"Challenges & Opportunities in Simulation of Turbulent Reacting Flows"的学术报告。

△美国犹他大学副教授特里·亚瑟·林(Terry Arthur Ring)到访上海交通大学,作题为"High Resolution Video Analysis of Oxy-coal Combustion"的学术

报告。

△美国哥伦比亚大学建筑、规划与保护研究院院长阿梅尔·安德拉奥斯(Amale Andraos)到访同济大学建筑与城市规划学院,双方提出合作意向。随后,安德拉奥斯院长作题为"We'll Get There When We Cross That Bridge"的讲座。

△上海市副市长陈群在人民大厦会见来访的美国华美协进社社长贺志明。陈群回顾了华美协进社孔子学院在双方共同努力下从酝酿、创办、发展到如今成果丰硕的历程,感谢美方及社长本人对此付出的努力和辛劳。华美孔院创办十余年来,在提高纽约当地中文教学水平、丰富教学内容方面做出了不懈的努力,也赢得了广泛的赞誉和肯定。陈群表示,希望社长能为上海与纽约的城市间交流做出更多的贡献,希望华美协进社能为中美文化交流发挥更大的作用,也希望社长本人对中华文化海外宣传多多献言献策。

20 日

△上海美国商会在四季酒店举办"爱德曼全球信任度调查"之《中国报告》发布会(2018 Edelman Trust Barometer China Launch)。出席发布会的主讲嘉宾为爱德曼的首席执行官和主席理查德·爱德曼(Richard Edelman)。

中旬

△美国加州大学旧金山分校、西班牙瓦伦西亚大学、复旦大学和加州大学洛杉矶分校等高校共同参与的国际合作研究取得重大突破,相关论文以"海马脑区的新生神经元在儿童脑内显著下降,在成人脑内没有发现(Human Hippocampal Neurogenesis Drops Sharply in Children to Undetectable Levels in Adults)"为题,在线发表于《自然》(*Nature*)杂志。研究结果为成年人脑内是否有新生神经元的长期争论提供了否定性新证据,显示成年人脑海马区没有新生神经元产生。

△上海橙科微电子科技有限公司 100G 高速网络芯片项目落户临港科技城。橙科公司团队由高速网络芯片领域的专家组成,核心成员来自美国博通公司(Broadcom),国内设计团队包括北京大学、南开大学、西安邮电大学等院校的微电子专业硕士。橙科公司坚持自主研发和创新,积累了完整的高速互联芯片技术,迄今已获得 3 项发明专利授权、6 项集成电路版图登记、5 项软件著作权。

21日

△美国柯蒂斯音乐学院院长罗伯特·迪亚兹教授一行到访上海音乐学院，会见院长林在勇等人。双方表示了合作的意向，旨在把中国最前沿的音乐研究和音乐教育成果推广到世界，包括中国当代音乐发展、中国现代歌剧、当代交响乐创作以及器乐表演研究等领域。

△上海大学副校长龚思怡教授率团访问美国宾西法尼亚大学，与该校科研副校长道恩·邦内尔(Dawn Bonnell)教授等人进行会谈，就推进两校在材料学科的联合科研和高层次人才培养方面的合作进行探讨并达成一致意见。

△上海理工大学与美国柯蒂斯音乐学院合作的上海市“文教结合”项目“经典·未来柯蒂斯音乐家之夜”奏响上海音乐厅。“中国十大青年钢琴家”之一、上海理工大学沪江国际教育学院音乐系主任陈洁与美国柯蒂斯音乐学院院长、顶尖中提琴家罗伯托·迪亚兹(Roberto Diaz)，著名青年钢琴家朱叶(Natalie Zhu)，小提琴家史蒂芬·吉(Stephen Jee Won Kim)，大提琴家西尼·李(Sydney Lee)5位著名音乐家同台献艺。贝多芬《G大调第1弦乐三重奏》、福雷《C小调第1钢琴四重奏》《百鸟朝凤》等众多经典曲目轮番上演。

△美国纽约城市大学哲学系副教授哈谷普·萨金桑(Hagop Sarkissian)到访复旦大学，作题为“Functional Views of Morality, East and West(Or, Why Confucians Ought to Embrace Moral Relativism)”的讲座。

△美国宾夕法尼亚州立大学教授马丁·特雷塞韦(Martin Trethewey)夫妇到访上海交通大学，作题为“美国大学的专业学习和校园生活”游学指导会，分享美国大学校园生活，对比中美不同的教学风格。

22日

△美国外交关系委员会预防行动中心主任保罗·斯塔斯(Paul B. Stares)率代表团访问上海国际问题研究院，会见该院学术委员会主任杨洁勉，就中美关系、特朗普对华政策等议题进行了交流。该院台港澳研究所所长邵育群、国际战略研究所所长吴莼思、外交政策研究所研究员蔡鹏鸿、亚太研究中心副主任龚克瑜、海洋和极地研究中心杨立参加座谈。

△美国银行高级副总裁朱航博士到访上海交通大学高级金融学院，以交易对手信用风险为主题，从交易对手信用风险的定义、风险抵御机制、风险敞口测

量模型、监管资本、信用估值调整、中央清算的专业解读等多个方面为现场听众做了专业解读。

23日

△上海市市长应勇会见美国迈阿密-戴德郡郡长卡洛斯·西门尼斯(Carlos Gimenez)。应勇说,中美关系是世界上最重要的双边关系之一,关乎两国人民福祉,也关乎世界和平、稳定和繁荣。合作是中美两国唯一正确选择,共赢才能通向更好未来。上海在中美关系发展中发挥着重要作用,我们愿进一步加强与美国地方政府的合作交流,与迈阿密-戴德郡相互学习借鉴,在科技、教育、港口、邮轮产业等方面开展更多务实合作。西门尼斯说,上海是一座美丽的城市,令人印象深刻。迈阿密-戴德郡愿与上海加强医疗、教育、科技、港口等领域交流与合作,只有合作双赢,才能共促发展。

△上海大学副校长龚思怡教授率团访问美国德州大学奥斯汀分校,与德州大学奥斯汀分校常务副校长兼教务长莫里·麦金尼斯(Maurie McInnis)等人会面,进一步跟进落实合作意向,确定了两校年内实施学生交流和联合教学合作项目的推进计划。

△美国埃克森美孚公司技术高管赵锐博士一行到访华东理工大学,会见该校化工学院副院长刘殿华等人,就今后在新型烯烃配位聚合的小试、中试及产业化方面的合作进行探讨,达成了加强合作的共识,并初步达成在茂金属催化烯烃聚合合成高附加值聚烯烃产品领域的长期合作意向。

△美国柯蒂斯音乐学院院长罗伯特·迪亚兹(Roberto Diaz)受聘为上海理工大学荣誉教授。受聘仪式上,上海理工大学副校长田蔚风表示,沪江学院音乐系于2017年成功申报了上海市文教结合项目——柯蒂斯Diaz音乐工作室,并荣幸地聘请迪亚兹教授作为首席指导专家,期望通过名师的引领与专业的指导,全方位提升工作室的能力,并通过音乐课堂、艺术实践让音乐融入理工科大学生的学习生活,培养出文理兼修、平衡发展的优质人才。

△美国西北大学教授白剑秋(John Bai)到访复旦大学,作题为“A firm's Information Environment and Employee Wages”的讲座。

△美国佐治亚理工大学教授张继昆(Gee-Kung Chang)到访复旦大学,作题为“Fiber Wireless Convergence for 5G Heterogeneous Mobile Data Communications”的学术报告。

24日

△应中美交流基金会邀请,美国芝加哥大学研究生代表团到访上海国际问题研究院。该院学术委员会主任杨洁勉主持交流会,并回答了代表团关于中美经贸关系、安全问题与国际关系研究方面的诸多问题。上海外国语大学部分研究生参加交流活动。

△美国二十一世纪学会总裁廖静石、北京代表处主任丁岩、项目主管高丽及芝加哥大学实验学校校长查尔斯·阿贝尔曼(Charles H. Abelmann)一行到访华东师范大学,会见该校副校长汪荣明。双方希望结合美国二十一世纪学会在美丰富的教育资源与经验,发挥学校优势,进一步巩固和促进与美国院校在教育领域的合作交流,同时以芝加哥大学实验学校为桥梁,推动华东师范大学与芝加哥大学的交流访问。

26日

△美国斯坦福大学亚太研究中心(Shorenstein APARC)研究员、美国前助理国务卿、前国家情报委员会主席冯稼时(Thomas Fingar)一行到访上海国际问题研究院,与该院院长陈东晓、国际战略研究所所长吴莼思、外交政策所研究员蔡鹏鸿、台港澳研究所所长助理张哲馨、国际战略研究所助理研究员薛晨、海洋和极地研究中心助理研究员杨立进行座谈,就中美关系发展的历史过程和未来走向等议题进行了交流。

△美国宾夕法尼亚大学教授维吉尔·佩尔切克(Virgil Percec)到访上海交通大学,作题为"Programming Biological Membrane and Protocell Mimics with Sequence-Defined Janus Glycodendrimers"的学术报告。教授总结到,人们从20世纪60年代开始从事的人造囊泡的研究还处在探索初期阶段,需要年轻人利用自己的创造力与努力,来解答生物膜复杂的功能谜团。

△美国辛辛那提大学工程与应用科学学院国际事务部主任奥克萨娜·普洛柯洛娃(Oxana Prokhorova)到访华东理工大学,与化学工程系副主任魏永明就双方合作开展本科生国际交流项目展开讨论。

△美国埃默里大学医学院教授陈靖到访复旦大学,作题为"Diet, Metabolism and Cancer"的学术报告。

27 日

△美国耶鲁大学后勤助理副校长拉菲・塔海伦(Rafi Taherian)到访美国驻上海领事馆上海美国中心,向与会嘉宾介绍了耶鲁大学的绿色校餐理念与策略,并分享了建立可持续食物体系的经验、探索与实践。

△美国约翰・霍普金斯大学教授大卫・格拉夏斯(David Gracias)到访复旦大学,作题为“3D Micro/Nano Fabrication by Bending and Folding: Fundamentals and Applications”的学术报告。

△美国比尔及梅琳达・盖茨基金会全球健康发现与转化科学部门资深项目专员刘钢博士、全球健康药物研发中心首席科学官秦宁博士、药物化学总监储新阶博士和研发项目总监熊文博士到访复旦大学药学院,双方围绕在贫穷所致疾病新药创制领域开展实质性合作进行了深入的讨论。

28 日

△华东政法大学副校长陈晶莹等人接待到访的美国威斯康星大学麦迪逊分校法学院院长玛格丽特・雷蒙德(Margaret Raymond)、法学院研究生部副主任胡文捷一行。双方就高级法律硕士学位项目在课程设置、经费安排、招生宣传方面的合作推进细节进行了深入探讨,拟尽快签署详细的项目执行协议。

△美国西北大学副校长狄波拉・格林斯潘(Devora Grynspan)一行到访上海交通大学国际与公共事务学院。双方围绕可能合作的领域开展讨论,包括研究人员交换、合作举办研究生国际短期培训班及在环境治理、公共卫生等领域展开交叉研究。

△上海美国商会在上海商城举办中国国际进口博览会简报会(Briefs on China International Import Expo)。出席简报会的主讲嘉宾有中国国际进口博览会管理局副局长刘福学等。

△上海美国商会在上海商城举办题为“湖北十堰茅箭的汽车工业(Automobile Industry in Maojian District, Shiyan, Hubei Province)”的工业园区系列宣讲会。活动主讲嘉宾为十堰市茅箭区委副书记、区长张捍声。

29 日

△上海市市长应勇会见美国科恩集团董事长兼首席执行官威廉・科恩一行。应勇说,中美关系是当今世界上最重要的双边关系之一,中美关系长期健康

稳定发展,符合两国人民的根本利益,也是国际社会的普遍期待。2018 年 11 月,上海将举行首届中国国际进口博览会,这也是中国进一步向世界开放市场的重要举措。欢迎包括美国在内的世界各国优秀企业来上海投资兴业,参与和推动上海新一轮发展。科恩表示,美中关系对两国的未来和人民福祉至关重要。科恩集团愿发挥自身优势,进一步促进美中两国企业间交流与合作,推动双边贸易投资健康发展。美国中国商会主席蔡瑞德参加会见。

△金山区疫控中心实验室 4 名技术人员参加了上海赛嘉联合美国爱德士公司在上海松江举办的技术研讨会。研讨会主要有 4 个主题,两位专家深入浅出地讲解了最前沿的动物疫病检验检测和防控净化等方面的信息,为金山区今后开展相关疫病的防控和净化等工作开拓了新的思路。

△上海美国商会在上海商城举办主题为"中国将往何处去:全国人大的核心话题(Where China is Headed-Key Takeaways from the National People's Congress)"的活动。活动主讲嘉宾为化险咨询(Control Risks)大中华和北亚区高级合伙人高德凯(Kent Kedl)等。

△上海美国商会在上海商城举办题为"应对困难的谈话(Handling Difficult Conversations)"的会员培训活动。出席活动的主讲嘉宾为 Wing and Wheel 亚洲公司的首席执行官琳达·洪(Linda Hon)。

△美国驻沪总领事谭森(Sean Stein)到访复旦大学,会见校长许宁生、校长助理陈志敏。双方就开展中美教育与学术交流深入交换了意见。美国研究中心副主任宋国友参加会见。会谈结束后,谭森一行在宋国友陪同下参观了美国研究中心。

30 日

△美国威斯康星大学麦迪逊分校法学院院长玛格丽特·雷蒙德(Margaret Raymond)教授、研究生部副主任胡文捷女士一行到访上海交通大学法学院。双方就两院之间的合作给予高度评价与肯定,并就选拔学生就读学位项目问题交换了意见。

△上海市卫生和计划生育委员会副主任闻大翔会见美国科恩集团高级顾问、中国美国商会主席蔡瑞德一行。双方就推动医教研交流与合作、支持克利夫兰医学中心项目等议题进行了深入探讨。

△上海美国商会在上海商城举行题为"中国的 VPN 管控(China's VPN

Regulations)”的午餐交流会。出席活动的主讲嘉宾有化险咨询(Control Risks)的风险管控副主管卡莉·拉姆齐(Carly Ramsey)等人。

△上海美国商会在上海商城举办题为“上海市工商行政管理局关于网络广告管理(Shanghai AIC Briefing on Online Advertising Regulation)”的宣讲会。宣讲会由上海市工商行政管理局的有关人士主讲。

△上海美国商会在上海商城举办主题为“找寻内在的自我:领袖的情绪智力项目(Search Inside Yourself: Emotional Intelligence Program for Leaders)”的活动。活动主讲嘉宾为复旦大学商业管理副教授杜洛娜(Lorna Doucet)。

31日

△钢琴制造商施坦威钢琴(Steinway & Sons)宣布其亚太区总部大楼在中国上海落成。落成典礼上,施坦威全球首席执行官罗恩·罗斯彼(Ron Losby)、施坦威全球首席财务官及运营官本杰明·斯坦纳(Benjamin Steiner)、施坦威亚太区荣誉主席维尔纳·胡斯曼(Werner Husmann),以及施坦威亚太区总裁位炜、美国驻上海总领事谭森(Sean B. Stein)、施坦威艺术家郎朗亲临施坦威亚太区总部大楼。

本月

△上海疾控中心派工作人员赴美国密歇根大学公共卫生学院进行食源性与水传播病毒疾病监测、疫苗可预防疾病防制相关理论的学习。上海疾控中心与美国密歇根大学于2016年以来续签合作备忘录。近年来,上海疾控中心选派多批业务骨干到美国密歇根大学公共卫生学院开展研修,同时接受密歇根大学实习生来沪实习。

△洛杉矶港与美国环保署在洛杉矶联合主办“第五届太平洋港口清洁空气协作会议”和“环球港口船舶倡议”,上海市派团参加,并就上海港“绿色港口”行动计划、港口运营效率等作主旨发言。上海市交通委派员参加同期举行的上海与洛杉矶两港人员交流项目,就清洁能源技术、自动化码头等话题进行探讨。

△上海市代表团赴美国佛罗里达州罗德代尔堡出席一年一度的SeaTrade世界邮轮大会。宝山区委书记在大会上发表主题演讲,向国际邮轮业界介绍中国,尤其是上海市在发展国际邮轮产业方面所做出的努力,介绍产业链发展战略路径与方向,以及邮轮产业扶持政策。

△上海仪电旗下上海仪电信息网络有限公司与美国企业霍尼韦尔(Honeywell)签订合作协议。通过合作,由仪电网络打造的白玉兰远程教育网为霍尼韦尔提供线上培训系统研发、培训课件拍摄制作、网上培训直播等内容服务,使霍尼韦尔全面实施面向员工和代理商的线上业务培训。

4 月

2 日

△美国纽约州立大学奥尔巴尼分校教授王军(Jun Wang)到访华东理工大学,作题为"Highly Multiplexed Single-Cell Analysis by Barcode Microchip"的学术报告,介绍其团队基于对单个细胞的分析与研究。

△美国密歇根大学罗斯商学院教授拉杰夫・巴特拉(Rajeev Batra)到访上海交通大学,作题为"Positioning Multicountry Brands: The Impact of Variation in Cultural Values and Competitive Set"的学术报告。

△首届中国国际进口博览会迎来一批重量级参展合同,签约的有美国德马泰克公司、杜邦公司、艾默生电气公司、陶氏化学公司、艾欧史密斯、UL 公司、强生集团以及荷兰飞利浦、香港冯氏集团等。截至 3 月底,全球已有 120 多个国家超过 1 600 家企业报名参展首届进口博览会;600 多家企业正式签约参展,签约展览面积超过 12 万平方米。

2—3 日

△国际著名刑事鉴识专家、美国纽海文大学终身教授李昌钰一行到访华东政法大学,与该校代表会谈并参访李昌钰法庭科学博物馆。李昌钰感谢华东政法大学在筹建博物馆期间给予的关心和支持,希望博物馆及展品可以充分发挥其教育、科研和社会效应。

3 日

△中国科学院上海微系统所在美国加州上海微技术工业研究院硅谷创新中心举办美国校友见面会。上海微系统所党委书记俞跃辉、校友会理事长张霞芳以及十几位美国校友参加会议并发言。会议旨在借助校友会的资源平台推进上

海微系统所在硅谷的科研合作、人才引进、产业转化等一系列工作。

△美国波士顿学院化学系教授刘世源(Shih-Yuan Liu)到访复旦大学,作题为"Translating New Chemical Space to New Function: The Case of BN/CC Isosterism"的学术报告。

4日

△美国康奈尔大学副教授乔治·弗朗茨(George R. Frantz)一行10人到访上海交通大学,作题为"Scenic Resources Work in Hudson River"的学术报告,介绍纽约哈德孙河沿岸的景观治理、保护过程。

△上海美国商会在上海商城举行主题为"2018年中国国际不动产投资:市场、动机与机遇(Chinese International Residential Real Estate Investment 2018: Markets, Motivations and Opportunities)"的宣讲活动。出席活动的主讲嘉宾有Noah Holdings Limited的集团主席Kenny Lam以及《华尔街日报》的中国特派记者Dominique Fong等。

7日

△美籍华裔物理学家、诺贝尔物理学奖获得者李政道(Tsung Dao Lee)教授在上海交通大学建校122周年纪念大会上正式接受聘任,担任李政道研究所名誉所长,其子李中清代表他在会上致辞。李政道研究所已汇集20余位知名科学家和青年学者致力于粒子与核物理、天文与天体物理、量子基础科学等方面的研究。

9日

△在美国华盛顿美国科学院举行的美国医学与生物工程院会士(AIMBE Fellow)受聘仪式上,华东理工大学副校长刘昌胜院士因其在原位组织再生活性材料、可注射生物材料等方面的开创性贡献,当选美国医学与生物工程院会士。

△美国佐治亚理工学院教授维诺多·辛格尔(Vinod Singhal)到访复旦大学,作题为"Stock Market Reaction to Supply Chain Disruptions from the 2011 Great East Japan Earthquake"的讲座。

△美国夏威夷大学马诺阿分校化学系教授拉尔夫·凯撒(Ralf I. Kaiser)到访复旦大学,作题为"Exploiting Tunable Vacuum Ultraviolet Light to Unravel the Synthesis of Bio-relevant Molecules in Deep Space"的学术报告。

10 日

△美国康涅迪克州立大学历史系教授沙培德(Peter Gue Zarrow)到访华东师范大学,作题为“清末民初的乌托邦思想：四个学案”的讲座。

△浦东新区政府与上海纽约大学在上海市洋泾中学举行共建仪式,正式宣布双方合作共建洋泾中学。此举也是上海纽约大学立足本土、服务社会的一项全新尝试与突破。上海市教委、浦东新区政府及浦东新区教育局的领导在仪式上致辞,对浦东新区政府与上海纽约大学合作共建洋泾中学表示支持。

△上海美国商会在上海商城举行题为“30 秒高效服务技能 30(Seconds High Efficiency Service Skills)”的会员培训活动。活动主讲嘉宾为易迪思的金牌讲师李洲。

△上海美国商会在四季酒店举行题为“我们学到的经验：在中国从事建筑业的三位企业家(Lessons We Learned-Three Entrepreneurs on Building Businesses in China)”的月度会员简报会。出席简报会的主讲嘉宾为 3 位知名企业家艾伦·常(Aaron Chang)、乔安妮·伍德(Joanne Wood)以及罗布·杨(Rob Young)。

10—23 日

△美国宾夕法尼亚州州立大学医学院布鲁斯·史丹利(Bruce Alan Stanley)博士一行 3 人到访华东理工大学,开展题为“现代环境监测分析实验技术”的研究生课程。

上旬

△2017 年,浦东新区生物医药产业规模约为 585 亿元,其中(规模以上企业)制造业工业产值 471 亿元,同比增长 11%。资料显示,2017 年,药明康德承担和参与研发了美国 FDA 批准上市的 36 个新药,占 FDA 批准上市新药的 78%。

△美国《科学》杂志在线发表了中国科学院上海技术物理研究所红外物理国家重点实验室和复旦大学科研团队合作的研究成果。团队发现在纳米尺度下,电子也会如同水花一样,最高温不在电流最大处,而是偏向电子流动的方向。这项研究将对后摩尔时代纳米器件的热管理与能源效率提升和太阳能电池等光电转换效率的提升带来帮助。

11日

△上海美国商会在上海商城举行题为“中国政府重构(Chinese Government Restructuring)”的圆桌会议。参与圆桌会议的主讲嘉宾为 Abbott China 的助理主管、上海美国商会政府事务委员会副主席托马斯·邵(Thomas Shao)以及 Corning 的政府事务经理菲利普·彭(Philip Peng)。

△美国德州大学西南医学中心分子生物学系助理教授牟平到访复旦大学,作题为“Targeting the Identify Fraud in Advanced Prostate Cancer”的学术报告。

△美国埃默里大学医学院儿科讲师邓巍博士到访华东理工大学,作题为“Structural Basis of the Mechanosensing Mechanism of Von Willebrand Factor and Platelet Receptor GPIb-IX Complex”的学术报告。

△美国密西西比州立大学国家战略规划与分析研究中心研究员陈心想到访上海大学,作题为“美国医疗市场中的消费者”的讲座。

12日

△美国威斯康星大学帕克赛德分校校长黛博拉·福特(Deborah Ford)一行到访上海大学。双方表示希望围绕国际化战略、人才强校战略和学科发展战略,搭建两校师生教育交流与合作的优质平台,为高等教育事业发展做出新贡献。

△美国肯特州立大学奥列格(Oleg Lavrentovich)到访复旦大学,作题为“Active Colloids in Liquid Crystals”的学术报告。

△美国德州大学圣安东尼奥医学中心教授臧梦到访复旦大学,作题为“New Insight into Metabolic Regulation and Diabetes: from Nutrient Sensing to Hepatokine”的讲座,介绍在肝脏中可通过营养感应分子信号转导机制改善代谢疾病。

△美国纽约大学副教授郁子·阿科斯塔(Ikuko Acosta)到访华东师范大学,作题为“艺术作为治疗:理论和实践”的讲座。

12—14日

△第六届国际低温与制冷会议(The 6th International Conference on Cryogenics and Refrigeration, ICCR 2018)在上海交通大学成功举办。来自美

国、英国、德国、日本等 22 个国家和地区的 370 余位著名专家、学者和工业界代表与会，分别作了 9 个大会报告和 5 个邀请报告，围绕低温、制冷和暖通空调等领域作前沿技术及科研成果交流。会议共收到了 302 篇投稿，通过现场同行评审选拔出的优秀论文，将推荐发表在制冷与低温领域国际权威学术期刊上。

13 日

△美国德克萨斯州大学奥斯汀分校博士后研究员薛雷刚(Leigang Xue)到访复旦大学，作题为“Battery Design Based on Liquid Alkali Metal Anodes”的学术报告。

△上海美国商会在上海商城举行题为“Make Your Work Report Better(工作汇报更胜一筹)”的会员培训活动。培训活动主讲嘉宾为清华大学 MBA 课程外聘讲师、Eddic 培训师薛正(Zheng Xue)。

△由美国共和党前众议员查尔斯·布斯塔尼(Charles Boustany)率领的美国国会前众议员代表团一行到访上海国际问题研究院，与该研究院台港澳研究所所长邵育群、亚太研究中心副主任龚克瑜、薛晨博士、薛磊博士座谈，就中美经贸摩擦、朝鲜半岛局势等议题进行交流。

13—20 日

△华东师范大学副校长汪荣明率团访问美国华美协进社、哈佛燕京学社和加拿大渥太华大学，达成了多项合作意向，并出席在美国纽约和波士顿举办的 2018 年度华东师范大学全球招聘宣讲会美东专场。众多青年学者咨询与报名参与。

14—18 日

△上海市胸科医院检验科主任娄加陶教授在美国癌症研究协会(AACR) 2018 年年会上，以其领衔的“外周血循环肿瘤 DNA(ctDNA)二代测序(NGS)检测平台实验室自建”项目为题作演讲。这是该年会液态活检分论坛首次邀请国内临床实验室专家作主题发言，介绍其主导的科研项目。

16 日

△上海交通大学-美国普渡大学深入合作 10 周年纪念活动在上海交通大学

举办。美国普渡大学副校长 Daniel Hirleman 一行、上海交通大学副校长徐学敏等人参加活动。双方回顾了深化战略合作关系的发展经历，肯定了合作十年来取得的成绩，表示期待开展更加广泛的合作，进一步发挥出对中美高等教育合作的引领和示范作用，推动中美高校合作迈向新台阶。

△美国《自然》杂志的催化领域子刊 *Nature Catalysis* 以题为“Identifying the Key Obstacle in Photocatalytic Oxygen Evolution on Rutile TiO2”在线报道了华东理工大学化学学院计算化学中心、工业催化研究所胡培君和王海丰教授团队关于 TiO2 光催化析氧方面的理论研究成果。

△美国斯克利普斯研究院教授朱利叶斯·雷贝克(Julius Rebek)到访复旦大学，作题为“Recognition and Catalysis in Deep Cavitands”的学术报告。

△美国密西根大学材料科学与工程系教授理查德·莱恩(Richard Laine)到访上海交通大学，作题为“Sodium vs. Lithium Batteries. Towards an All Solid-State Sodium Ion Battery”的学术报告。

△美国德州理工大学教授那崇峥到访华东师范大学，作题为“整体纳米碳高效电容除盐的原理与设计”的学术报告。

17 日

△上海市委书记李强会见诺贝尔化学奖获得者、美国国家科学院院士迈克尔·莱维特(Michael Levitt)一行。李强表示期待莱维特教授同上海复旦大学的合作早日取得积极成果，为上海科创中心建设做出新的贡献。莱维特表示，愿提供科技创新的国际视角，助力上海科创中心建设不断迈向深入。

△美国休斯敦大学教授杰拉尔德·洛沃(Gerald J. Lobo)到访复旦大学，作题为“Do Firms That Have a Common Signing Auditor Exhibit Higher Earnings Comparability?”的讲座。

△美国耶鲁大学教授法米德·海德(Fahmeed Hyder)到访复旦大学，作题为“New Horizons in Imaging Brain Metabolism”的学术报告。

△美国罗彻斯特大学教授罗曼·索博列夫斯基(Roman Sobolewski)到访上海交通大学，作题为“Nanostructured Superconducting Single-Photon Detectors as Photon Energy, Number, and Polarization Resolving Devices”的学术报告。

△上海美国商会在上海商城举行主题为“遵守还是关闭：中国工业设施的新现实(Comply or Close-The New Reality for Industrial Facilities in China)”的

活动。出席活动的主讲嘉宾为 ERM 的国家经理皮尔斯·托泽尔(Piers Touzel)、Greenment 公司的国际运营主管庄博闻(Johnny Browaeys)等。

17—24 日

△上海交通大学国际与公共事务学院教授陈映芳应邀先后到美国哈佛大学、麻省理工学院和芝加哥大学进行学术访问。17 日,陈映芳到访麻省理工学院建筑与规划学院,作题为"什么是中国的'市民化'"的学术报告;24 日,陈映芳到访芝加哥大学东亚研究中心,作题为"'历史遗留群':普通人的社会转折"的学术报告。

18 日

△美国联邦储备委员会总部(Federal Reserve Board)高级经济师李怡到访上海交通大学,作题为"Reciprocal Lending Relationships in Shadow Banking"的学术报告。

△美国加州大学戴维斯分校教授诺姆·马特罗夫(Norm Matloff)到访华东师范大学,作题为"What's Really Inside the DNN Black Box"的学术报告。

18—19 日

△应中科院分子植物科学卓越创新中心/植物生理生态研究所所长韩斌院士邀请,美国哈佛大学医学院沈正韵(Jen Sheen)教授作为"Institute Seminar"系列报告特邀嘉宾到所进行学术交流访问。她与各相关研究组展开学术交流,并为植物生理生态研究所师生作题为"Hidden Dynamics and Landscape of Plant Signaling Networks"的学术报告,介绍她所在实验室利用化学遗传学和分子生物学的手段研究模式植物拟南芥 MAPK 信号通路的最新研究成果。

19 日

△上海美国商会在上海商城举行主题为"追求创新:中国研究发展的障碍和激励(Chasing Innovation: R&D Barriers and Incentives in China)"的活动。出席活动的主讲嘉宾为 TE Connectivity 中国区总经理、副总裁雷吉·赖(Reggie Lai)以及 Abbott Diagnostics 的研发总监寅鹏(Peng Yin)。

△美国纽约大学教授杰拉德·本·阿鲁(Gérard Ben Arous)到访华东师范

大学,作题为“Getting to the Bottom of Deep-Learning Landscapes?”的学术报告。

△美国橡树岭国家实验室助理研究员崔萌萌到访华东师范大学,作题为“纳米粒子的界面阻塞与基于木质素的自愈合弹性体”的学术报告。

△美国密西西比州立大学国家战略规划与分析研究中心研究员陈心想到访上海大学,作题为“美国医疗市场中的消费者行为”的讲座。

19—20 日

△美国堪萨斯州立大学教授林启东(Chii-Dong Lin)分别到访华东师范大学和上海理工大学,作题为“高次谐波产生和阿秒物理:回顾与展望(High-order Harmonic Generation and Attosecond Physics —— an Overview)”的学术报告。

19—21 日

△第六届中国(上海)国际技术进出口交易会在上海世博展览馆举办。美国加州伯克利大学电子工程与计算机系教授、人工智能资深专家斯图尔特·罗素与会并发表主旨演讲。

20 日

△上海美国商会财经服务委员会(Financial Committee)在上海商城举行主题为“中国财经技术的现状和法规(The State of Fin-Tech and Regulations in China)”的活动。出席活动的主讲嘉宾为德勤的合伙人珍妮佛·秦(Jennifer Qin)。

△美国约翰·霍普金斯大学博士后研究员徐伟男到访上海交通大学,作题为“Smart Soft Materials and 3D Structures for Biomedical Applications”的学术报告。

△美国加州大学尔湾分校教授曾凡刚(Fan-Gang Zeng)到访华东师范大学,作题为“From Sound to Silence: A Neuromodulation Approach to Treating Deafness and Tinnitus”的学术报告。

中旬

△第三十四届美国国际大学生数学建模竞赛(MCM)与交叉学科建模竞赛

(ICM)成绩公布。上海交通大学学生获特等奖(Outstanding Winner)5 项、特等奖提名(Finalist)2 项、一等奖(Meritorious)52 项、二等奖(Honorable)109 项。上海海洋大学学生获国际二等奖(Honorable Mentions)1 项、优胜奖(Successful Participant)2 项。华东政法大学学生获二等奖 3 项、三等奖 1 项。上海中医药大学学生获二等奖 1 项。

21 日

△上海美国商会在上海中心举办“上海美国商会年度舞会”,主题为“2048 年的上海:未来之夜”。

23 日

△上海市市长应勇会见美国麻省理工学院校长拉斐尔·莱夫一行。应勇说,当前上海正加快建设具有全球影响力的科技创新中心,人工智能在新一轮科技发展中占据重要地位。很高兴看到麻省理工学院与商汤科技成立人工智能联盟,欢迎包括麻省理工学院在内的世界著名高校来沪交流合作,也欢迎更多人才到上海创新创业。拉斐尔·莱夫对上海加大人工智能领域投入表示赞赏,他表示愿与上海加强交流与合作,共同推动人工智能的应用和发展。

△上海美国商会在上海商城举行题为“满怀信心去交流(Executive Communication with Confidence)”的会员培训活动。出席培训活动的主讲嘉宾为资深培训师利亚姆·卡拉汉(Liam Callaghan)。

△《美国化学学会合成生物学》(*ACS Synthetic Biology*)杂志以题为“Enhanced Biosynthesis Performance of Heterologous Proteins in CHO-K1 Cells Using CRISPR-Cas9”在线报道了华东理工大学生物反应器工程国家重点实验室马兴元教授的生物药学研究团队在哺乳动物细胞基因组编辑与抗体合成生物学研究领域取得研究进展。课题研究同时也得到了美国北卡罗来纳大学张文亮(Wenliang Zhang)副教授和厦门大学刘海鹏教授的支持。

△美国乔治·华盛顿大学政治学博士、圣母大学国际安全中心博士后金锡俊(Seok-Joon Kim)教授到访复旦大学,作题为“快手拔枪:美国的负面偏见与武力的运用(Quick on the Draw: American Negativity Bias and the Use of Force)”的讲座。

△美国亚利桑那大学教授乔恩·纳德森(Jon T. Njardarson)到访华东师范

大学，作题为“Natural Products and New Synthetic Methods”的学术报告。

△美国加州大学戴维斯分校法学院副院长威廉·道奇(William S. Dodge)教授到访华东政法大学，作题为“国际诉讼及美国对外关系法新重述”的讲座。讲座加深了听众对美国法院处理涉及中国的国际诉讼理论的认识。

23—25日

△复旦大学国际问题研究院院长、美国研究中心主任吴心伯教授到访哈佛大学费正清中国研究中心，作题为“管理中美竞争”的学术报告。哈佛大学傅高义(Ezra Feivel Vogel)教授主持了报告会，现场听众踊跃提问，并就相关问题与吴心伯教授展开互动。

24日

△第二届国际海洋微塑料管控研讨会(ISMP2)开幕。来自美国、俄罗斯、西班牙、挪威、日本、越南、中国7个国家海洋塑料污染研究领域的70名专家、学者和环保人士汇聚上海，共同聚焦微塑料对海洋生物的生态效应等热点话题。研讨会期间，各国学者围绕海洋微塑料在海洋中的来源和归趋、海洋微塑料与化学污染物的相互作用等多个议题进行探讨交流。

△上海美国商会在上海商城举行主题为“喜林苑模式：保留历史和沉浸文化的旅游(Historical Preservation & Cultural Immersion Tourism: The Linden Centre Model)”的活动。出席活动的主讲嘉宾为喜林苑的创始人布莱恩·林登(Brian Linden)。

△美国德克萨斯大学林登·约翰逊公共事务学院助理教授江佳士(Joshua Eisenman)到访复旦大学，作题为“中国在发展中国家的权力介入(China's Major Power Engagement with the Developing World)”的讲座。

△上海纽约大学与美国纽约大学斯特恩商学院宣布推出两个一年制联合培养硕士项目。这两个全新的硕士专业为计量金融硕士以及数据分析和商业计算硕士，均开设为期12个月共3个学期的全日制课程，为有志投身中国和亚洲快速发展的金融分析专业领域的人士提供了全新的深造机会。

25日

△美国戴维斯莱特特里梅因律师事务所资深合伙人方之寅到访上海交通大

学,作题为“当前大环境下中美跨国并购的法律思考”的讲座。

△美国德州大学林登·约翰逊公共事务学院助理教授马佳士(Joshua Eisenman)到访上海国际问题研究院,就中非关系与中美关系等问题与世界经济研究所所长助理叶玉、助理研究员薛晨、西亚非洲研究中心助理研究员宋卿进行了交流。

△上海美国商会人力资源委员会(Human Resources Committee)在上海商城举行主题为“吸引顶级人才的收益与回报策略(Benefits and Rewards Strategies to Attract Top Talent)”的活动。出席活动的主讲嘉宾有 JLT Essential Benefit Solutions 有限公司的经营主管莉莉·陈(Lily Chen)、Willis Towers Waton 中国区全球数据服务咨询主管布伦达·周(Brenda Chou)以及 Eaton 亚太区电气部门人力资源副主席杰西卡·张(Jessica Zhang)。

△美国哈佛大学医学院贝斯以色列女执事医疗中心(Beth Israel Deaconess Medical Center)代表团首席执行官凯文·塔布(Kevin Tabb)教授一行访问上海交通大学医学院附属新华医院。对新华医院的实力与学科优势表示赞赏,表示将在妇产科学、生殖医学和急诊医学等合作领域与新华医院继续合力推动、促进及深化合作。

26 日

△上海迪士尼乐园第七个主题园区“玩具总动园”全新开幕。上海市副市长陈群、市政府副秘书长宗明、上海市旅游局局长徐未晚,申迪集团董事长范希平、上海国际旅游度假区管委会常务副主任李贵荣和申迪集团总裁周峻出席了开幕仪式。“玩具总动园”是上海迪士尼乐园开园以来首个扩建园区,取材于迪士尼·皮克斯最经典的动画系列之一《玩具总动员》。新园区毗邻明日世界和梦幻世界,占地面积为 11,367 平方米。

△美国宾州州立大学公布了春季工程设计项目展的获奖名单,上海交通大学学生张嘉盛、彭炳诚、张宁珊和宾州州立大学共同完成的国际联合毕业设计项目“轴承加工自动定心装置设计(Automated Centering of Bearing Rings on Machine Tools)”获得“洛克希德·马丁杯(Lockheed Martin)”优秀设计三等奖。

△美国洛克菲勒基金会主席拉吉夫·沙阿(Rajiv J. Shah)到访上海纽约大学,与该校常务副校长雷蒙就多元文化创新在开创可持续发展等方面的重要议

题展开探讨。

△上海美国商会在长乐路世纪商贸广场举行主题为“构建共有服务中心：通往优秀人才之路（Building Shared Service Center：The Road to Human Resources Excellence）”的活动。出席活动的主讲嘉宾为德勤人力资本咨询副主管胡建（Jian Hu）以及ADP中国区薪酬项目主管温蒂·王（Wendy Wang）。

26—28日

△复旦大学美国研究中心吴心伯教授、宋国友教授、潘亚玲副研究员及王浩博士一行访问美国华盛顿，先后参加了在布鲁金斯学会和亚洲基金会举行的座谈会，与美方学者就当前中美关系等问题深入交换意见，并赴中国驻美大使馆进行工作交流。部分成员还分别走访了乔治城大学、美国战略与国际研究中心（CSIS）和白宫国安会。

27日

△上海美国商会在上海商城举行题为“别让自己输在谈判上（Do Not Let Yourself Lose in Negotiations）”的会员培训活动。出席培训活动的主讲嘉宾为MTI的首席执行官路易斯·塞亚（Louis Seah）。

△美国化学会学术刊物《影响因子》（*Nano Letters*）在线报道了华东理工大学张金龙教授和邢明阳副教授课题组与美国加州大学河滨分校殷亚东（Yadong Yin）教授课题组在环境光催化领域的合作研究成果。

△美国圣约瑟大学（Saint Joseph's University）副校长凯瑞·安德森（Cary Anderson）携中国项目负责人、副校长助理喻娟（Julie Yu）到访华东师范大学。双方就计算机专业4+2海外直研项目的推进、学院赴该校就读的5名学生获得美国TA资助的近况、计算机专业交换生项目的提议以及暑期海外名校研学营项目的细节等议题进行了商讨。

△美国斯坦福大学博士后研究员李伟（Wei Li）到访上海交通大学，作题为“Controlling Thermal Radiation and Absorption for Energy Applications”的学术报告。

△美国威斯康星大学麦迪逊分校物理系教授马克·萨夫曼（Mark Saffman）到访华东师范大学，作题为“Quantum Computing with Simple and Complex Atoms”的学术报告。

28 日

△上海爱乐乐团和美国费城交响乐团联合在上海东方艺术中心音乐厅首演新作《京剧幻想》。这部融合了新创意、新思路、新作为的交响乐新作，以中华国粹京剧为灵感，通过交响乐语汇对戏曲进行创新转化和发展，彰显了鲜明的上海气质。

△美国阿拉巴马大学汉斯维尔分校教授李佳到访华东师范大学，作题为"Application of Paratransgenesis in Control of Malaria"的学术报告。

下旬

△美国医学期刊 *Journal of Clinical Investigation* 以"Somatic Mutation of the Cohesin Complex Subunit Confers Therapeutic Vulnerabilities in Cancer"为题在线发表了上海中医药大学脾胃病研究所科研团队在肿瘤基因组大数据分析以及精准治疗方面的设计研究成果。这些研究成果对开辟具有 SA2 基因突变肿瘤的精准治疗有极其重要的意义。这项合作不仅开创了上海中医药大学脾胃病研究所肿瘤研究的新发展方向，而且在基因组学和精准治疗的领域是具有原创性的国际领先成果，对肿瘤的临床治疗有重大的指导和战略意义。

△上海交大-联影医学影像先进技术研究院名誉院长、美国伊利诺伊大学教授、国际著名磁共振专家梁志培的团队在脑影像领域取得突破性进展，实现超高分辨率脑代谢物图谱快速成像。该研究成果将为脑肿瘤、抑郁症、阿尔茨海默病等脑疾病的精准治疗提供前所未有的技术支持。此次团队发挥交叉学科优势，梁志培团队还包括美国伊利诺伊大学林帆博士和哈佛医学院马超博士，上海交大团队成员的学科背景也囊括生物医学工程、数学、计算机、生理学等。新成果除了在信息学领域取得信号处理理论突破外，还将人工智能技术应用其中，取得很好的效果。

△美国化学会(The American Chemical Society)旗下刊物 *ACS Nano* 刊登了中国科学院上海硅酸盐研究所研究员李驰麟及其团队在高比能有机镁电池研究中取得的进展。该团队提出一类双盐电解质激活的多电子反应的有机镁电池，其正极采用绿色可再生的玫瑰红酸盐。该研究工作得到了国家重点研发计划、国家自然科学基金、上海千人计划等项目的资助和支持。

5 月

2 日

△上海市委书记李强会见美国蒙大拿州联邦参议员史蒂夫·戴安斯(Steve Daines)一行。李强表示,上海将进一步加强与美国各州、各城市间的全方位合作往来,为包括美国企业在内的中外企业来沪发展创造更好的营商环境。戴安斯说,美中关系是世界上最重要的双边关系之一,此次到访正是为了进一步促进双方各领域交流合作,共同努力实现更大发展。

△中国福利会下属上海宋庆龄学校与美国加州大学洛杉矶分校(UCLA)举行两校合作签约仪式。两校将建立全球课堂、探索从高中到大学衔接过渡的实践研究,开展教育合作与项目分享。中国福利会党组书记、秘书长张晓敏,中共上海青浦区委书记赵惠琴,美国加州大学洛杉矶分校副校长辛迪·范(Cindy Fan)等领导和嘉宾出席签约仪式。

△美国哈佛大学历史系教授、斯坦福大学胡佛研究所高级研究员、罗斯柴尔德家族史研究权威尼尔·弗格森(Niall Ferguson)到访复旦大学,围绕中美关系作演讲。来自复旦大学和沪上其他高校及研究机构的师生 200 余人与会。

△上海海洋大学海洋科学学院教授马建在《自然》子刊《自然地学》(*Nature Geoscience*)杂志创刊十周年竞赛中获奖并受邀刊发评论。他还于国际顶级年刊《年度综述》(*Annual Reviews*)发表有关气候变化热带动力学研究领域的特约综述文章。

3 日

△上海美国商会市场和媒体委员会(Marketing & Media Committee)在上海商城举行主题为"中国的电商:大小企业的成功销售秘诀(E-commerce in China-Sales Success Secrets from Businesses Big to Small)"的活动。活动主讲

嘉宾有 IT Consultis 的商业研发人雨果·阿鲁法特(Hugo Arrufat)、联合创始人及首席运营官托马斯·吉勒莫(Thomas Guillemaud)和副主席奥雷利恩·里加特(Aurelien Rigart)。

4日

△美国化学会知名学术刊物 *Nano Letters* 在线报道了华东理工大学张金龙教授和邢明阳副教授课题组与美国加州大学河滨分校 Yadong Yin 教授课题组的合作研究,论文题目为"Modulation of the Reduction Potential of TiO2-x by Fluorination for Efficient and Selective CH4 Generation from CO2 Photoreduction"。

△美国埃默里大学医学院癌症中心孙士勇教授到访华东理工大学,作题为"Targeting mTOR Signaling for Cancer Therapy-Challenges and Opportunity"的讲座。

△美国佛罗里达大学艺术学院数字世界研究院院长杰姆斯·奥利维里奥(James Oliverio)一行到访上海交通大学文创学院紫竹教研基地,会见学院党总支书记兼院长张伟民、党总支副书记赵凤、上海交通大学慕课推进办公室副主任蒋建伟等。双方就 VR-Group 虚拟交互小组教学平台等创新教育技术进行交流,后就数字艺术领域的人才联合培养、暑期项目、远程教育等话题交换意见。

5—13日

△上海国际问题研究院院长陈东晓率代表团访问美国。在纽约期间,代表团参加了美国外交关系委员会(Council on Foreign Relations)主办的"智库委员会理事会(Council of Councils)"第七届年会,并先后访问美国外交政策全国委员会(National Committee on American Foreign Policy)、欧亚集团(Eurasia Group),并拜会中国驻纽约总领馆。

7日

△上海市商务委员会出访团到访安永美国总部驻纽约办公室,签署投资促进务实合作实施意向书。出访团还与安永美洲及中国高层管理团队深入探讨资源共享、商务合作以及促进上海、美洲双向投资所面临的机遇与挑战。上海市商务委员会副主任杨朝、出访团成员金山区经济委员会副主任夏霞红、奉贤区投资

促进局副局长卓雅、上海外国投资促进中心驻洛杉矶办事处首席代表余敏等出席。安永大中华区重点客户主管合伙人唐荣基、安永美国东北地区税务主管合伙人罗布·韦伯(Rob Weber)、安永美国东北地区国际税务合伙人乔纳森林德罗斯(Jonathan Lindroos)、安永美洲中国海外投资业务部主管合伙人张晓青与安永美国中国业务税务合伙人费敏代表安永向出访团介绍安永在跨境投资服务方面的经验。

△美国学术期刊《自然》的催化领域子刊 *Nature Catalysis* 在线报道了华东理工大学化学学院计算化学中心、工业催化研究所胡培君、王海丰教授团队关于TiO2光催化析氧方面的理论研究成果,论文题目为“Identifying the Key Obstacle in Photocatalytic Oxygen Evolution on Rutile TiO2”。

△美国国家科学院院士 Xiaodong Wang 到访东华大学,作题为“Joint System Design for Co-existence of MIMO Radar and MIMO Communication”的讲座。

7—9 日

△美国韦伯州立大学(Weber State University)教务长 Madonne Miner 和外事副校长 Cliff Nowell 率团到访上海师范大学,出席与商学院合作项目二十周年庆祝活动。9 日下午,第六届中美韦伯商业计划大赛决赛在该校举行。

8 日

△上海美国商会在上海商城举行主题为“英国退欧:对于欧洲、商业和投资的影响(Brexit: What it Means for Europe, Business, and Investment)”的活动。活动主讲嘉宾是爱尔兰都柏林三一学院经济学教授、爱尔兰经济社会研究院主任弗朗斯·卢安(France Ruane)。

△上海美国商会在四季酒店举行月度会员简报会。出席简报会的主讲嘉宾是美国驻上海总领事谭森。

△匹兹堡大学哲学系杰出讲席教授、科学史与科学哲学系双聘教授、《哲学与现象学研究》主编安尼尔·古普塔(Anil Gupta)到访华东师范大学,作题为“对‘真’概念的几点看法”的讲座。

△纽约大学荣休教授修海乐(Harold Sjursen)到访华东理工大学,作题为“新工科研究系列报告——国际工程教育前沿”的讲座。

△上海大学吴明红教授研究团队和上海应用物理所方海平教授研究团队在《自然·化学》(*Nature Chemistry*)期刊在线发表题为“环境条件下稀溶液中石墨烯表面非常规化学计量的二维 Na-Cl 晶体(Two-dimensional Na-Cl Crystals of Unconventional Stoichiometries on Graphene Surface from Dilute Solution at Ambient Conditions)”的论文。

9 日

△美国太平洋交响乐团携手著名小提琴家平克斯·祖克曼(Pinchas Zukerman)在上海保利大剧院首演。这是该乐团成立四十年来首次访华。

△美国佛罗里达国际大学公共管理系副教授、乔治亚州州立大学和乔治亚理工的联合培养的公共政策博士郭海到访上海交通大学,作题为“Untargeted Incentives and Entrepreneurship: An Analysis of Local Fiscal Policies and Small Businesses in Florida”的讲座。

△上海美国商会市场和媒体委员会(Marketing & Media Committee)在波特曼-丽思卡尔顿酒店举行主题为“展示营销:面向中国消费者的营销(Marketing Showcase-Marketing to Chinese Consumers)”的活动。活动主讲嘉宾为曾任 J. Walter Thompson 亚太区首席执行官的汤姆·多克托罗夫(Tom Doctoroff)。

△上海美国商会在上海商城举行题为“叙说故事与领导力:领导如何通过叙述伟大故事影响员工(Storytelling & Leadership: How Leaders Tell Great Stories to Influence Everyone at Work!)”的会员培训活动。培训活动主讲嘉宾为资深培训师杰夫·谭(Jeff Tan)。

△上海美国商会教育委员会(Education Committee)在上海商城举行题为“申请入学的激战(The Admissions Battle: Raising the Game)”的主题活动。出席活动的主讲嘉宾有 InitialView 的首席执行官和联合创始人特里·克劳福德(Terry Crawford)、上海七宝德怀特中学校长布兰特利·特纳(Brantley Turner)等。

10 日

△中国科学院上海光学精密机械研究所强场激光物理国家重点实验室与重庆大学合作,在美国期刊 *ACS Nano* 上以“Robust Subwavelength Single-Mode

Perovskite Nanocuboid Laser”为题发表微纳激光器研究领域取得的成果。在该项工作中，科研人员在三维尺寸均小于发射波长的单个钙钛矿纳米立方体结构中首次实现了高品质、低阈值、窄带宽、温度稳定性好的皮秒脉宽单模激光输出。这是目前已知的最小尺寸的钙钛矿纳米激光器，也是基于传统谐振腔结构的最小激光器。该研究成果将推动微型激光器进一步向小型化和短脉冲发展。

△上海美国商会与 Asia Transformation & Turnaround Association (ATTA)联合举办题为“转型会议——中国企业如何转型(Transformation Conference-How Companies Transform in China)”的大会。上海美国商会副主席希尔皮比·斯韦(Shilpi Biswas)、Shanghai Clobotics 有限公司的联合创始人和首席运营官克莱尔·陈(Claire Chen)等人与会。

△哥伦比亚大学教授德亚娜·库恩(Deanna Kuhn)受聘为华东师范大学荣誉教授，作题为“科技对教育变革的意义”的讲座，并与在场学者就教育信息技术、合作学习、论辩与思考学习等问题答疑、互动研讨交流，共同探讨科技革新在教育变革中的意义，以及科技在取代人际交往中的局限。

△美国学术期刊 *Cell Stem Cell* 以“A Linc1405/Eomes Complex Promotes Cardiac Mesoderm Specification and Cardiogenesis”为题在线发表了同济大学生命科学与技术学院康九红教授课题组的研究成果。该研究为全面阐释心脏发生发育过程的分子作用关系提供更多的线索和依据。

△同济大学交通安全国际合作联合实验室召开学术委员会第六次会议。会议由副校长顾祥林教授和学术委员会外方主席美国中佛罗里达大学穆罕默德·阿卜杜勒·阿特(Mohamed Abdel-Aty)教授致辞。中美双方就研究需要解决的问题、如何加强跨国合作、如何增进研究生参与等问题进行了深入讨论，明确了国际联合实验室下一阶段的重点工作计划与合作研究方向。

△华盛顿大学电子工程与绿色能源学院研究基金会创新研究员王浩(Hao Wang)到访东华大学，作题为“Integrating Distributed Resources into Smart Grids: Framework and Algorithms”的讲座。

上旬

△《美国化学会-纳米》发表了中科院上海硅酸盐所科研团队关于新型火灾自动报警耐火壁纸的相关研究成果。

11 日

△美国刊物 *Chemical Science* 以“Rhodium-Catalyzed Asymmetric Hydroamination and Hydroindolation of Keto-Vinylidenecyclopropanes”为题，在线发表了华东理工大学化学学院施敏教授课题组在铑催化不对称氢官能团化领域取得的最新研究成果。

△上海美国商会在新天地朗廷酒店举行“全球房产投资趋势论坛”暨“纽约华尔街一号项目发布会(Global Property Investment Trend-One Wall Street Press Conference)”。出席发布会的主讲嘉宾有“华尔街一号”项目的国际销售主管戴安娜·张(Diana Zhang)、JLL 国际住房产业的周逸群(Yiqun Zhou)。

△美国刊物 *Chemical Science* 以“Molecularly Precise Self-assembling Theranostic Nanoprobe Within a Single-molecular Framework Forin Vivotracking Tumor-specific Chemotherapy”为题，在线报道了华东理工大学化学学院朱为宏课题组在近红外荧光前药示踪研究领域取得的重要进展。

11—14 日

△美国爱荷华大学英文系副教授萝莉·布兰奇(Lori Branch)到访华东师范大学，作题为“回应现代性的后世俗化进路”和“后世俗地阅读华兹华斯”的讲座。

12 日

△美国犹他大学计算机学院教授汤姆·弗莱彻(Tom Fletcher)到访华东师大学，作题为“Regression Modeling on Manifolds for Analyzing Brain Shape and Functional Networks”的讲座。

12—17 日

△上海国际问题研究院学术委员会主任杨洁勉率代表团赴美，先后访问斯坦福大学亚太研究中心、白宫国家安全委员会、欧亚集团、美国国务院、美国外交关系委员会、布鲁金斯学会以及乔治城大学美中全球议题对话项目等政府和智库研究机构，围绕中美关系走向、中美战略对话、亚太安全合作等议题进行探讨交流。代表团还分别拜访了中国驻美国大使崔天凯、中国驻旧金山总领事罗林泉大使、中国驻纽约总领事章启月大使，就中美关系、中美经贸合作等议题进行深入交流。

13日

△上海国际问题研究院国际战略研究所副研究员刘宗义、比较政治与公共政策研究所助理研究员曹嘉涵、台港澳研究所助理研究员季伊昕会见到访的美国哈佛大学肯尼迪政府学院青年领袖代表团，就中美关系、中印关系、2030可持续发展议程等问题进行了交流。

13—23日

△美国奥古斯塔大学孔子学院组织的学生访华团一行22人到上海中医药大学访学。上海中医药大学国际教育学院为访华团安排了汉语学习、中国书法艺术方面的讲座，并组织参观中医药博物馆，使其体验中医药发展的悠久历史和丰富的中国文化内涵。

14日

△魏茨曼科技学院教授 Yehiam Prior 到访华东师范大学，作题为"Optimizing the Nonlinear Optical Response of Plasmonic Metasurfaces"的讲座。

14—26日

△上海中医药大学国际教育学院师生一行4人赴美国纽约中医学院进行为期两周的交流访学，在课堂与诊所考察其中医理论与临床教学特色，了解中医在美国的历史及现状。

15日

△焊接领域国际知名学者、美国密歇根大学董平沙(Pingsha Dong)教授到访华东理工大学，作题为"Recent Advances in Structural Integrity Assessment Methods for Pressure Vessels and Piping Components"的学术报告。

△上海美国商会在上海商城举行主题为"中美贸易关系新进展：华盛顿和北京的视角(U. S. -China Trade Relations Update: The View from Washington and Beijing)"的宣讲会。出席宣讲会的嘉宾有上海美国商会会长季瑞达(Kenneth Jarrett)、《经济学人》(*The Economist*)杂志网络主管玛丽·博伊德

(Mary Boyd)等人。

△上海美国商会税务委员会(Tax Committee)在上海商城举行主题为“关于受益所有权的中国税收规定新动向(Updates on Chinese Tax Regulations Regarding Beneficial Ownership)”的宣讲会。出席宣讲会的主讲嘉宾有毕马威的合伙人 Sunny Leung 和德勤的合伙人 Sophie Liu。

△美国密苏里大学孔子学院理事会会议在上海师范大学举行。会议围绕2017 年度孔子学院的工作成效、经费预决算、2018 年工作计划等进行了全面的回顾与总结,并特别讨论了孔子学院在扩大办学规模、提高办学质量方面面临的各种挑战及应对措施。

16 日

△北卡罗莱纳州立大学助理副教授常伟晨(Wei-chen Chang)到访华东师范大学,作题为“Elucidating Chemical Logic of Non-Heme-Iron Enzyme Catalysis in Making Important Natural Products”的讲座。

△美国康涅狄格大学孙露一(Luyi Sun)教授到访华东理工大学,作题为“Functionalized Halloysites for Epoxy Nanocomposite Applications”的讲座。

△上海美国商会企业家委员会(Entrepreneurship Committee)以及市场和媒体委员会(Marketing & Media Committee)在上海商城联合举行主题为“微信大师级课堂:微信成功的秘诀(WeChat Masterclass-The Secrets for Success on WeChat)”的活动。出席活动的主讲嘉宾为 31Ten 的经营合伙人约瑟夫·莱维克(Joseph Leveque)。

△上海美国商会在上海商城举行主题为“你是否完全意识到你的公司内正在发生什么(Are You Fully Aware What is Going on in Your Company?)”的讨论会。出席讨论会的主讲嘉宾有 PTL Group 的总经理阿里·施雷尔(Arie Schreier)和 CI3 Industrial Incubator 的总经理王磊(Ray Wang)。

17 日

△上海音乐学院和美国欧柏林音乐学院正式签署两校校际合作协议。美国欧柏林音乐学院院长安德莉亚·凯琳博士(Dr. Andrea Kalyn)和上海音乐学院党政领导林在勇、刘英出席签约仪式。双方期待两校能在各学科领域开展进一步合作,把两校推向一个更高的水平。欧柏林音乐学院助理院长付恺先生、钢琴

科技系系主任约翰·卡瓦诺教授(John Cavanaugh),上海音乐学院钢琴系、现代器乐及打击乐系、管弦系、民乐系多位教授和学院教务处副主任、宣传部主任,研究生部副主任、国际交流处副处长列席签约仪式。

△上海美国商会在上海商城举行主题为“数字时代经理人的自我管理(Executive Self-Management in the Digital Age)”的活动。活动主讲嘉宾为Cornerstone International Group-Career Partners 的主席西蒙·万(Simon Wan)。

△美国内布拉斯加大学林肯分校物理与天文学系教授阿列克谢·格鲁曼(Alexei Gruverman)到访华东师范大学,作题为“Polarization-enabled Electronic Properties of Hybrid 2D-Ferroelectric Structures”的讲座。

△美国俄克拉荷马州立大学董事教授、美国电子电气工程师协会成员 Gary G. Yen 到访华东师范大学,作题为“演化超多目标优化研究现状”的讲座。

△上海师范大学与美国纽约州立大学奥斯威戈分校合作举办的第五届中美大学生学术论坛在上海师范大学商学院举行。美方和中方各选派 10 位学生对自己在商业领域的研究课题作全英语讲演。该论坛旨在通过对中美比较研究的关注,帮助双方学生更好地了解两国的经济政策和商务活动。

18 日

△美国加利福尼亚州立大学圣巴巴拉分校荣誉教授奥兰·杨(Oran Young)到访上海国际问题研究院,参加“互补还是抵消:一带一路与现行全球秩序”研讨会。上海国际问题研究院副院长杨剑主持会议。院长助理叶青、张海冰,外交政策研究所所长张春,全球治理所部分研究人员以及来自上海纽约大学的学者与会。

△美国普渡大学冯奇教授(Qi Annabelle Feng)到访华东理工大学,作题为“大数据驱动的物流供应链智能化与创新”的专题讲座。

△美国加州大学伯克利分校阿朗·柯亨(Aaron Cohen)博士到访华东理工大学,分别作题为“幸福之道——基于优势视角的健康与关系”和“校园危机识别与应对”的讲座。

△美国加州大学伯克利分校高级心理咨询师李佩姬(Paige Lee)到访华东理工大学,作题为“压力到动力——察觉困扰激发动力”的讲座。

18—22 日

△华东理工大学资源与环境学院党委书记程里、副院长孙玉柱和院办公室主任曹娜一行 3 人赴美国杜克大学参加第五届中国留美环境学者论坛,开展高层次人才招聘宣传工作。现场,华东理工大学资源与环境学院一行设置专门展位,与留美学生与学者深入交流,并同与会的国内高校和科研单位的同仁进行交流。

18 日—6 月 1 日

△美国佛罗里达大学环境工程系主任吴章钰(Changyu Wu)教授到华东理工大学讲授“气溶胶技术与健康”课程。该课程是资源与环境工程学院研究生全英文授课课程之一。吴章钰还与学生进行了学术交流,并根据学生研究方向开展讨论,指导研究生论文写作。

20—26 日

△美国路易维尔大学冠名讲席教授、亚洲项目主任华士平率领 11 位学生到访上海交通大学国务学院,进行学术交流活动。期间,参访上海交通大学船建学院木兰纪念馆以及上海城市建设和发展面貌,作题为“韦伯对中国宗教的论述”的学术讲座。同时,上海交通大学国际与公共事务学院教授林冈作题为“处于十字路口的美国涉台政策”的讲座。

21 日

△美国凯特琳医疗集团首席执行官弗莱德·曼切尔(Fred M. Manchur)、凯特琳医疗中心院长特里·伯恩斯(Terry Burns)访问华山医院,与华山医院院长丁强、副院长邵建华和院国际医疗中心主任顾静文、国际交流办主任林建华等会谈。会谈结束后,曼切尔和伯恩斯院长出席 2018 年国家级《借鉴国际经验培养全科医学人才》继续教育学习班,并做精彩演讲。

△美国雪城大学(Syracuse University)校长肯特·西维尔(Kent Syverud)一行到访上海交通大学、复旦大学,就学校基本情况、科研合作重点研究领域、留学生情况等与沪上高教进行交流。

△美国新泽西理工学院助理教授许晓阳到访华东理工大学,作题为“纳米材料及水凝胶在药物传递的应用”的讲座。

△美国期刊 *Advanced Energy Materials* 以“新策略制备铁基双功能催化剂材料应用于可充式锌空电池(Novel Route to Fe-based Cathode as an Efficient Bifunctional Catalysts for Rechargeable Zn-Air Battery)”为题,发表了上海理工大学材料学院朱钰方教授团队在新能源材料研究中取得的研究成果。

△美国期刊《美国科学院院报》在线发表了中科院分子植物科学卓越创新中心/植物生理生态研究所陈晓亚研究组的一项研究。研究人员分离鉴定了棉酚生物合成途径中4个新的酶基因,并从基因组水平上解释了锦葵目植物中棉酚生物合成途径演化的基础,发现了中间产物的生理活性及其调控机制。这对于提高棉籽的利用率、降低处理成本、减少污染十分有意义。研究组还获得了数个棉酚途径中间体,均为新发现的化合物,其中一些具有显著的生理活性,为天然产物的研发提供了新平台。

△美国加州州立大学弗雷斯诺分校学生团队一行8人到访上海理工大学,进行为期21天的语言文化交流学习。上海理工大学为其安排了中文课程、文化讲座及文化考察活动,内容包括基础汉语、中国诗歌与歌曲等课程,中国书法、中国功夫、剪纸艺术、茶道茶艺以及“美国人眼中的中国”等文化讲座;举办文艺表演、包饺子、皮影戏观赏、中国家庭访问以及江浙沪等地的文化考察体验活动。

22日

△上海市市长应勇会见美国百时美施贵宝公司董事长乔瓦尼·卡福里奥(Giovanni Caforio)一行。应勇表示,欢迎包括百时美施贵宝在内的跨国医药企业加大投资力度,借助张江这个全球生物医药产业基地平台,深化与上海本土企业合作,实现共赢发展。卡福里奥说,百时美施贵宝将加强与上海企业和科研院所的合作,更好地服务和满足中国市场需求。

△美国爱荷华大学牙学院布拉德·阿明特(Brad Amendt)教授、谢贤进教授、洪流副教授、曹火军助理教授一行前往上海交通大学附属第九人民医院进行学术交流访问。上海交通大学附属第九人民医院院长吴皓代表医院欢迎阿明特一行,向客人介绍上海交通大学附属第九人民医院未来的发展规划,期待双方在口腔医学和再生医学等领域进一步加强交流与合作。到访期间,4位嘉宾举办讲座,并与上海交通大学附属第九人民医院医生进行交流。

△美国期刊 *PLOS Pathogens* 以题为“Hepatitis C Virus NS4B Induces the Degradation of TRIF to Inhibit TLR3-mediated Interferon Signaling Pathway”

在线发表了中国科学院上海巴斯德研究所钟劲课题组的研究论文。丙型肝炎病毒(hepatitis C virus, HCV)是慢性肝病的主要致病因素之一。该研究结果揭示了一种 HCV 逃逸宿主天然免疫系统的新机制,为深入研究 HCV 建立持续性感染的机制提供了新线索。

△同济大学校长、中国工程院院士钟志华教授为美国工程院院士、美国亚利桑那州立大学环境生物技术中心主任、国际著名的环境工程专家布鲁斯·里特曼(Bruce Rittmann)在同济大学成立的国际科学家工作室揭牌。双方就未来合作寄予期望并愿意继续加强拓展合作至中国其他高校与领域。

△美国加利福尼亚州州立大学蒙特利分校王群教授到访上海理工大学,作题为"美国文学、文化及社会"的学术讲座。

△图灵奖得主、美国科学院院士、哈佛大学教授莱斯利·瓦伦特(Leslie Valiant)到访上海财经大学,与该校校长蒋传海,信息管理与工程学院院长岳劲峰、党委书记王淑范、常务副院长黄海量等会见。双方就国际化办学、人才政策、留学生教育等话题进行了亲切友好的讨论,并就算法博弈论、计算机科学近几十年的发展以及机器学习、人工智能领域的相关问题进行了讨论。

△上海美国商会在上海商城举行题为"浙江绍兴金色柯桥高新技术园区的智能制造工业(Intelligent Manufacturing Industry in Golden Keqiao Sci-tech Park in Shaoxing, Zhejiang)"的活动。活动主讲嘉宾为浙江 Jinmo 环境技术有限公司的总经理徐亦农(Yinong Xu)。

23 日

△施坦威乐器集团全球首席执行官罗恩·罗斯彼(Ron Losby)、施坦威钢琴亚太有限公司总裁位炜、施坦威钢琴亚太有限公司销售总监吴坚和上海知音音乐文化股份有限公司董事长朱文玉一行 4 人到访上海音乐学院,与上海音乐学院总会计师张佳春会见。张佳春表示希望与施坦威公司继续加强合作,定期开展技能培训和专业讲座。罗斯彼对未来双方的进一步合作充满信心。会见结束后,张佳春陪同罗斯彼查看上海音乐学院钢琴系与贺绿汀音乐厅的钢琴使用及保养情况。上海音乐学院钢琴系主任李坚、国际交流处处长陈晓翌、资产处处长汪国安、资产处盛杰及潘高波会见时在座。

△上海美国商会不动产与建筑委员会(Real Estate and Construction Committee)在上海商城举行主题为"全球地产市场的前景(Outlook for Global

Property Markets)"的活动。活动主讲嘉宾为Cushman & Wakefield的首席经济师和全球首席研究员凯文·索普(Kevin Thorpe)。

△上海美国商会食品、农业和饮料委员会(Food, Agriculture & Beverage Committee)在静安香格里拉酒店举行题为"尝尝明天的味道：变化市场中的创新(A Taste of Tomorrow: Innovation in a Changing Market)"的活动。出席会议的嘉宾有Bain & Company的合伙人邓钜翰(Derek Deng)、可口可乐公司亚太区研发副主席谢尔·黄(Shell Huang)、Meikao首席执行官克里斯蒂·高(Christy Gao)等。

△美国工程院院士、美国亚利桑那州立大学环境生物技术中心主任、国际著名的环境工程专家布鲁斯·里特曼(Bruce Rittmann)教授到访上海师范大学，作题为"How Biofilm Processes Open New Opportunities in Environmental Biotechnology"的学术报告。

△"国家治理的中美模式比较：2018年中美国际暑期项目"开班典礼在上海交通大学国务学院举行。来自美国三一大学、上海交通大学和中国科学院等高校的19位学生参加。中美学生共同参与课堂学习和辩论，通过交流研讨加深对当代中国城市治理、经济政策等方面的认识和了解，提高自身的比较研究能力。

△美国宾夕法尼亚大学沃顿商学院副院长蔡天文(Tony Cai)到访上海外国语大学，会见该校校长李岩松，国际工商管理学院院长潘煜、副院长王风华。双方就一流商学院的发展前景交流了看法和意见，并探讨了两院在科研、教学、学术交流方面的合作可能性，表达了相互合作的愿望和需求。

24日

△上海交通大学与美国密西根大学在交大密西根学院新建大楼"龙宾楼"签署新一轮合作协议，旨在通过"全球学位通"计划无缝衔接世界一流国际化人才，深化科研合作，共建以智能互联系统、能源材料和系统等研究方向为主的科研中心，携手国际"教学人才计划"，共促一流教师队伍发展。

△美国德州农工大学工学院王玲博士到访华东理工大学，作题为"Nano Meets Soft Matters: From Dynamic Photonics to Sustainable Energy"的讲座。

△上海美国商会健康委员会(Healthcare Committee)在上海商城举行主题为"女性健康：预防疾病、调节压力、保持健康的主动方法(Health & Wellness for Women: Proactive Approaches to Prevent Illness, Manage Stress and Being

Healthy)”的活动。活动的主讲嘉宾有 Shanghai United Family Puxi Hospital 的美国家庭医师劳拉·乔登(Laura Jordhen)、Body & Soul 的创始人和总经理多丽丝·拉特格伯(Doris Rathgeber)等。

△上海美国商会在上海商城举行题为“房间里的大象(There Is an Elephant in the Room)”的会员培训活动。

25 日

△上海美国商会在上海商城举行题为“出色的演讲者(The Exceptional Presenter)”的会员培训活动。培训活动主讲嘉宾为 Simtiri 的培训师詹妮弗·彼得森(Jennifer Peterson)。

△上海美国商会在上海商城举行题为“海关企业信用管理办法(New Enterprise Credit Management System)”的宣讲会。宣讲会的主讲嘉宾为上海海关企业信用管理部主任董敏华(Minhua Dong)。

△美国杜克大学教授 Kent W. 到访华东师范大学,作题为“Machine Learning on Mobile: Problem Solving on a Budget”的讲座。

25—27 日

△美国哈佛大学肯尼迪政府学院创始院长、知名国际关系学者格雷厄姆·艾利森(Graham Allison)教授到访上海,在“上海论坛 2018”作主旨演讲,并访问复旦大学美国研究中心,与吴心伯、张维为、韦宗友、沈逸等复旦学者就中美两国之间如何避免“修昔底德陷阱”进行深度学术对话。

28 日

△上海市市长应勇会见美国阿拉斯加州州长比尔·沃克(Bill Walker)一行。应勇表示,愿与包括阿拉斯加在内的美国地方政府加强友好合作,为促进中美两国关系发展做出更大贡献。比尔·沃克说,阿拉斯加与中国友好交往历史悠久,中国是阿拉斯加最大的贸易伙伴。我们希望与中国尤其是中国的上海继续深化经贸合作,在促进商品贸易的同时,推动更多的人文交流。

△美国贝勒大学教授蒂莫西·伯恩斯(Timothy W. Burns)到访华东师范大学,作题为“莎士比亚《奥赛罗》中的忠诚之爱与政治”的讲座。

△美国德雷克大学政治学系教授大卫·斯基德莫尔(David Skidmore)率团

访问复旦大学美国研究中心并主讲中美新型大国关系高端讲座第十二讲。复旦大学国际问题研究院院长、美国研究中心主任吴心伯教授与国务学院政治学系任军锋教授分别就中美关系及美国政治等问题，为美方代表团成员作学术报告，并回应他们关心的一系列学术热点问题。斯基德莫尔教授于当天下午为复旦师生作题为"特朗普政府执政下美国政治的变化"的讲座。

△由复旦大学社会科学高等研究院和复旦大学当代中国研究中心联合主办的"世界社会科学高级讲坛"在沪举办。讲座邀请复旦大学荣誉学者、美国人文社会科学院院士、普林斯顿大学荣休教授、斯坦福行为主义科学高等研究院研究员、政治学国际大奖 Johan Skytte Prize（2009 年）获得者罗伯特·基欧汉（Robert O. Keohane）作题为"霸权之后：制度化合作与世界政治权力转移"的报告。

△美国国家工程院院士卡罗尔·霍尔（Carol Hall）到访华东理工大学，作题为"阿尔茨海默多肽蛋白质聚集的计算机模拟研究"的讲座。

28 日—6 月 1 日

△美国劳伦斯伯克利国家实验室罗米·查克拉波蒂（Romy Chakraborty）博士到访华东理工大学资源与环境工程学院，为研究生讲授全英文课程《高等环境化学专论》中的部分内容。访问期间，查克拉波蒂与华东理工资环学院院长修光利教授详细讨论了将开展的学生交流、合作研究计划，就共同推进暑期主题课程、研究生交换、本科生暑期访问以及联合开展环境介质生态安全课题达成了合作意向。

29 日

△上海国际问题研究院台港澳研究所所长邵育群、亚太研究中心副主任龚克瑜和国际战略研究所薛晨博士会见到访的美国兰德公司研究员安德鲁·科贝尔（Andrew Scobell）。双方就朝鲜半岛核问题、美朝关系、半岛和平进程等议题进行了深入交流。

△纽约大学老龄创新孵化中心创立联合负责人吴蓓教授与 Joshua Chodosh 教授到访华山医院，与华山医院副院长马昕，护理部主任蒋红、副主任任学芳，科研处科长黄蔚，上海市同济医院主任许芳蕾，华山医院静安分院主任周依群，以及百余名医护人员就老年医学进行交流。

△美国纽约州立大学宾汉姆顿分校教授周广文(Guangwen Zhou)到访华东理工大学机械与动力工程学院,作题为“Atomically visualizing the oxidation of metals”的学术报告。

△美国密苏里大学纺织学院和服装管理部的助理副教授赵丽(Li Zhao)到访东华大学,作题为“Fashion Informatics: Big Data in Fashion”的讲座。

△美国密苏里大学纺织与服装系副教授、人类环境科学学院副院长 Jung Ha-Brookshire 到访东华大学,作题为“New Research Agendas for Sustainability: From the Moral Responsibility Theory of Corporate Sustainab”的讲座。

△美国普渡大学西北校区校长托马斯·基翁(Thomas Keon)博士、校长助理理查德·鲁普(Richard Rupp)博士和机械学科教授周谦到访上海大学。双方就两校间的本科生与研究生交流、短期和长期教师交流、合作教学、合作科研等方面达成共识并签署了 ETIE 项目学术合作与访问协议备忘录。

30 日

△由上海仪电、美国 IT 研究与顾问咨询公司高德纳(Gartner)联合举办的“2018 智慧城市高峰论坛”在上海仪电举行。上海城投、上海汽车、申通地铁以及科大讯飞等近 30 家上海知名企业、行业内领先企业的信息技术负责人参加。上海仪电总裁蔡小庆、高德纳研究副总裁贝蒂娜·特拉茨-赖恩(Bettina Tratz-Ryan)出席论坛。

△中国商飞公司总经理赵越让会见到访的美国通用电气航空集团副总裁比尔·菲茨杰拉德(Bill Fitzgerald)一行。

△美国中阿肯色大学英语系主任、教授康拉德·舒默(Conrad Shumaker)到访华东师范大学,作题为“美国印第安文学和文化”的讲座。

△上海美国商会在上海商城举行题为“上海工商管理局知识产权简报(Shanghai AIC Briefing on Intellectual Property)”的简报会。简报会主讲嘉宾为上海工商管理局注册商标部副主任顾惠蓉和 Jones Day 的顾问周云川。

△上海美国商会在上海商城举行题为“上海虹桥中心商业区简报(Shanghai Hongqiao Central Business District (CBD) Briefing)”的工业园区宣讲会。

下旬

△美国加州大学伯克利分校电机工程与计算机系和统计学系教授迈克尔·

乔丹(MichaelI Jordan)到访上海交通大学上海高级金融学院(高金/SAIF),担任 SAIF-CAFR 名家讲堂主讲嘉宾。乔丹在主题演讲环节中全面阐述对人工智能准确内涵的理解,他还详解了未来 AI 智能化和商业化存在的可能性。

△复旦大学中国残疾问题研究中心教授吕军一行 4 人出访美国耶鲁大学,参加了在耶鲁大学举行的中国卫生政策与管理学会(China Health Policy And Management associate)学术双年会。随后访问了中心的长期合作伙伴欧道明大学,参观考察了当地服务于弱势人群的各类机构。双方就脆弱人群健康相关主题进行了深入交流与考察,聚焦残疾人、老人、妇女、儿童等促进脆弱人群健康的社会支持体系。

31 日

△上海美国商会在上海商城举行题为"外国高端人才工作签证政策新变化(Foreign Talent Work Visa Policy Updates)"的政策介绍会。

△上海美国商会供应链委员会(Supply Chain Committee)在上海商城举行题为"东南亚:供应链机遇及挑战(Southeast Asia: Supply Chain Opportunities and Challenges)"的主题活动。出席活动的主讲嘉宾为 Procon Packaging Trading 上海有限公司亚洲区运营主管丹尼尔·克拉森斯坦(Daniel Krassenstein)和 Kerry Logistics 整合物流经营副主管塞缪尔·刘(Samuel Lau)。

△美国圣母大学(University of Notre Dame)的马克教授(Mark)到访华东师范大学,作题为"Symplectic Symmetry in Ab Initio Nuclear Structure"的学术报告。

31 日—6 月 1 日

△"2018 中美在线高等教育论坛"在上海交通大学举办。中美两国高校的专家学者、在线教育机构负责人及业界精英 300 多人与会,以"提升在线高等教育质量,推动中美高等教育合作"为主题,围绕在线高等教育的教学模式、课程建设、教学设计、教师提升、学习支持、在线实践、管理机制等专题,分享研究成果和最佳实践案例,研讨构建在线教育生态系统,推动全球在线高等教育领域的信息互通、成果共享、合作共赢。

△美国伊利诺伊大学香槟分校终身教授、商学院本科项目学术主任刘云川到访东华大学,作题为"Return Policies in Distribution Channels"的学术报告。

6月

5日

△上海华鑫置业(集团)有限公司与美国3M中国有限公司在上海华鑫慧享中心举行入驻签约仪式。仪式上,华鑫置业与3M中国均表示双方将加强合作,在科研创新、智慧城市建设等领域实现优势互补、互利共赢。

6日

△中国商飞公司总经理赵越让会见到访的霍尼韦尔航空航天总裁兼首席执行官马天明(Tim Mahoney)一行。公司副总经理吴光辉、程福波出席活动。

9日

△上海古凡交响乐团与美国特拉华大学交响乐团携手多位艺术家,在上海东方艺术中心献演"中国故事"音乐会,呈现多部具有中国艺术特色的作品。音乐会旨在向先驱梅兰芳先生致敬,也为了更好地讲好中国故事,让世界人民懂得中国。

△由上海市人民政府外事办公室和上海市教育委员会联合举办的"上海暑期学校:驻沪领馆官员汉语培训班结业典礼暨第二届中文秀比赛"在华东师范大学举行。在结业仪式后的"第二届领事官中文秀"比赛上,来自俄罗斯、芬兰、比利时、瑞士、美国、印尼、厄瓜多尔等国的驻沪总领事馆官员们用演讲、中文歌曲、诗歌朗诵、讲故事等形式展现了自己的汉语学习成果。美国驻沪副领事欧忆菲用流利的汉语分享了他对爆米花这种小零食的"情有独钟",还用一首自编自唱的中文RAP秀《我的生活》点燃全场的气氛。驻沪领馆官员汉语培训项目从2010年至今,已有350多名来自近60个国家的驻沪领事官员参加,在各驻沪领事机构中赢得了认可和好评。

10日

△美国哈佛大学Dana-Farber癌症研究所终身教授刘小乐，在理解未来讲座上海专场与听众分享了有关癌症免疫治疗的前沿信息。他与哈佛大学团队共同创立的寻百会生物科技（GV20 Oncotherapy），在肿瘤功能基因组学、癌症免疫治疗和生物大数据技术上具有国际领先的优势。

10—12日

△美国乔治城大学青年领袖代表团应中国人民对外友好协会邀请访问上海。其间，韦德宁（Dennis Wilder）教授一行15人到访复旦大学美国研究中心，与复旦大学国际问题研究院院长、美国研究中心主任吴心伯教授就中美关系、朝核问题、“特金会”等话题进行了座谈。

11日

△上海市政府侨办主任徐力会见美国夏威夷中华总商会会长胡启明率领的水仙花皇后友好代表团一行。徐力向客人们介绍了上海近年来经济社会的发展状况和首届中国进口博览会的筹备情况。水仙花皇后友好代表团访华，对于增进夏威夷地区华侨华人对祖（籍）国的了解、扩大中美民间交往等均发挥了积极作用。

12日

△上海市商务委主任尚玉英会见了美国卡博特公司资深副总裁、亚太区总裁朱戟一行。双方就上海鼓励先进制造业发展的政策方向、卡博特公司未来发展规划以及能耗、环保排放、碳交易等化工行业高度关注的话题进行了深入交流。卡博特公司中国市场业务占到其全球业务的20%，亚太区总部和亚太区技术中心均位于上海。秉持着“植根中国，坚定发展”的理念，卡博特将不断扩大在华在沪发展规模。

△由美国意艾德建筑事务所和上海现代建筑设计院联合设计的全球建筑面积最大的上海天文馆完成整体卸载施工。这标志着该馆所有主体钢结构工程顺利收尾，主体结构施工取得阶段性胜利。

△同济大学中美青年创客交流中心挂牌同济创业谷仪式在上海四平路校区

创业谷举行。该中心是落实中美两国元首共识和《中美社会和人文对话联合声明》的重要成果。

△上海市第九人民医院口腔修复科顾晓宇和口腔医学12级7年制研究生王诗哲、金诗韵赴美国马萨诸塞州的波士顿大学牙学院进行为期两周的校际交流。受到波士顿大学牙学院院长Huntter、副院长Henshaw等接待。波士顿大学牙学院邀请顾晓宇介绍上海市第九人民医院的基本情况,并作了关于数字化在口腔修复领域中的应用的报告,与美国同行及来自国内的同行进行了切磋。

13日

△美国期刊*Genome Research*在线发表了由中国科学院上海营养与健康研究院马普计算生物学伙伴研究所Philipp Khaitovich研究组和日本国立自然科学研究所认知基因组学Yasuhiro Go研究组合作发表的论文"Human-specific Features of Spatial Gene Expression and Regulation in Eight Brain Regions"。该研究通过将人类大脑与近缘灵长类比较,更可靠地揭示了比较学意义上的大脑特征,且提供了关于大脑在种间进化的分子图谱的新见解,并进一步探索了构成人类大脑独特性的分子特性。研究的原始及处理数据存储于GEO Accession no. GSE100796。

14日

△上海交通大学与美国加州大学洛杉矶分校(UCLA)成立机器感知与推理联合研究中心。上海交通大学长江学者特聘教授、数字电视国家工程研究中心首席科学家张文军,加州大学洛杉矶分校杰出教授、英国皇家科学院院士德米特里·特尔佐普勒斯(Demetri Terzopoulos)出任中心联席主任。中心的研究方向是智能媒体和智慧医疗,将组织两校教师和研究生联合攻关,并把科研成果转化为产品。

△"2018全球智能新商业峰会"在上海长宁世贸展馆举行。美国国家科学院、美国国家工程院、美国艺术与科学院三院院士迈克尔·乔丹(Michael Jordan),中国工程院院士吴志强等针对学术前沿发展与商业结合,深入探讨人工智能对人类生活的改变、人工智能企业发展情况以及人工智能影响下城市发展等话题,激起现场观众的共鸣。

△中国科学院上海药物研究所研究员徐华强领衔的交叉团队与美国温安洛研究所、美国弗雷德里克国家癌症研究实验室、美国芝加哥大学、加拿大多伦多

大学和美国国家癌症研究所等机构合作攻克了细胞信号转导领域的重大科学难题。该团队获得了视紫红质和 Gi 蛋白复合物的近原子分辨率冷冻电镜结构。该结构首次展示了 GPCR 与 Gi 蛋白相互作用界面的结构细节,完善了人们对 GPCR-Gi 下游转导选择性分子机制的理解,也为设计高效低毒的 GPCR 靶向药物提供了结构生物学基础。

15 日

△美国期刊《生物化学杂志》(*The Journal of Biological Chemistry*)以"Two Distinct Domains of the Glucagon-like Peptide-1 Receptor Control Peptide-mediated Biased Agonism"为题发表了中国科学院上海药物研究所和澳大利亚莫纳什大学药学研究所两个团队的关于胰高血糖素样肽-1受体偏向激活的合作研究成果。胰高血糖素样肽-1受体为2型糖尿病和肥胖症的治疗靶点。该研究为基于受体偏向激动原理设计趋利避害的药物提供了新的思路。

16 日

△第二十一届上海国际电影节在上海大剧院举行开幕式。美国制片人大卫·佩穆特作为本届评委亮相电影节。

19 日

△美国驻上海领事馆总领事谭森出席第三届中美娱乐法高峰论坛并为开幕致辞。该论坛由美国专利商标局(United States Patent & Trademark Office)、美国洛杉矶洛约拉大学法学院(Loyola Law School Los Angeles)、上海交通大学凯原法学院、北京大学法学院、北京电影学院管理学院、上海电影集团在沪联合举办。谭森在会上强调了保护美中企业商标的重要性和加强娱乐相关产业的创新发展。

20 日

△由上海市科协和李政道研究所联合主办的"粒子物理理论和实验的回顾与展望"学术报告会在科学会堂举行。美国密西根大学杰出教授戈登·凯恩(Gordon Kane)、德国 Freiburg 大学教授彼得·詹尼(Peter Jenni)和中国科学院高能物理研究所所长王贻芳作了精彩阐述。凯恩是世界著名理论物理学家,曾

任密西根理论物理中心主任,在 Higgs 物理以及超对称物理中有着极为重要的贡献。报告会上,他分享了和知名物理学家霍金生前的一些探讨。

中旬

△95 名美国青年(大学生)访华艺术团成员和上海视觉艺术学院学生在上海视觉艺术学院大剧场轮番登台,激情起舞,为大学城师生和周边居民带来了一场视听盛宴。美国青年(大学生)访华艺术团由杨百翰大学舞蹈团、犹他拉丁民族舞蹈团、犹他谷大学街舞团 3 个单位组成。成员们此行以舞会友,推动中美青年大学生人文艺术和文化交流,增进两国青年间友谊。这也是 2018 年中美青年交流的亮点活动之一。活动由上海市对外文化交流协会、上海奉贤"东方美谷艺术节"组委会、上海天元演艺有限公司、中传京(上海)文化发展有限公司、USA 美中文化艺流术交协会联合主办。

△"太平洋保险杯"上海市第十六届运动会——"嘉华·嘉涛湾杯"青浦区青少年社区运动会在区体育中心举行,吸引了来自全区的近 300 名青少年和家长参与。主办方还邀请了来自美国的哈佛鳄鱼合唱团前来助兴,并和参赛者们一起同场竞技。

21 日

△美国微软加速器·上海三期校友企业展示日活动在上海徐汇举行,14 家创业团队向与会的 400 多名创新生态共建者展示了人工智能、云计算、大数据、物联网、区块链等领域的创新成果。徐汇区区长方世忠、副区长陈石燕,上海仪电副总裁陈靖,微软全球资深副总裁、微软亚太研发集团主席洪小文等出席活动。

22 日

△由世界顶尖科学家协会、上海市临港地区开发管理建设委员会、上海临港经济发展(集团)有限公司联合举办的诺贝尔奖科学家前沿研发和战略新型产业说明会在上海举行。世界顶尖科学家协会、全球诺贝尔奖科学家协会主席及主席团成员罗杰·科恩伯格(Roger Kornberg)和巴瑞·夏普莱斯(Brian Sharpless)亲临现场,发布各自的前沿研发和战略新型产业说明。会上,罗杰·科恩伯格、巴瑞·夏普莱斯、临港管委会产业发展首席规划师顾长石、临港集团

副总经济师翁巍和世界顶尖科学家协会、全球诺贝尔奖科学家协会执行理事长、秘书长王侯共同启动“滴水湖论坛”官网。来自政府、高校、科研院所、医疗机构以及企业的众多嘉宾共同见证。

△以“长三角城市群协同创新的逻辑与策略”为主题，由上海市科学学研究所和上海市创新型城市发展战略研究中心主办的浦江创新论坛——2018 科技创新智库国际研讨会圆桌会议举行。与会的国内外科技创新智库专家各抒己见。硅谷联合投资主席、首席执行官罗素·汉考克(Russell Hancock)建议，政府扮演的角色不宜太多，它可以为技术创新和创业提供背景，比如保护知识产权，制定让人才能够自由流动的政策，对于失败有更高的容忍度。

24 日

△25 名美国高中生开始了由上海市静安区教育局、教育合作交流中心，美国北卡罗来纳大学夏洛特分校孔子学院，上海国际学生服务中心联合举办的为期近两个月的“2018 NSLI-Y 美国精英高中生汉语夏令营”活动。

25 日

△美国哈佛大学医学院附属麻省总院骨髓移植中心创始主任、细胞治疗和移植实验室主任兼 MGH 血液-肿瘤部住院医师规范化培训基地主任托马斯·斯皮策(Thomas Spitzer)教授到访华山医院。与该医院国际合作交流办就中美目前推行的医改模式及发展趋势进行了有益的探讨。会后，斯皮策参加了由全球华人生物学家学会-血液学分会、美国华裔血液及肿瘤专家学会、上海生物工程学会主办的“血液研究与治疗研讨会”华山分会场会议。

△美国布劳沃德学院中国区教师培训会开班仪式在上海第二工业大学举行。布劳沃德学院校长大卫·阿姆斯特朗(David Armstrong)，第二工业大学校长俞涛，党委副书记、副校长莫亮金出席。俞涛在讲话中表示，此次教师培训有助于教师熟悉美国教学模式，感谢美国布劳沃德学院给予学校中美合作专业的支持。

△根据上海市建设协会与美国造价工程师协会(AACE，American Association of Cost Engineers)的会际合作交流计划，申迪建设公司代表团在团长张家明的带领下赴美国圣地亚哥参加 AACE 年会，作《新颖单边人行悬索桥采用 BIM、IPD 方法的成本控制案例分析》专题报告，获得好评。与会成员与国

际同行就工程项目管理方面进行了深入交流，了解世界范围内工程项目管理领域的发展前沿。

26日

△新业坊·尚影国际文化创意产业基地与总部位于美国内华达州的专业综合格斗组织UFC(终极格斗冠军赛)举行签约仪式，宣布UFC上海中心落户静安新业坊。上海市体育局局长徐彬、静安区区长陆晓栋、临港集团总裁袁国华及UFC全球首席财务官安德鲁·施莱默(Andrew Schleimer)参加签约仪式。静安区希望以UFC落户静安新业坊为契机，带动静安文化体育产业繁荣发展，同时为上海建设成为世界一流的国际体育赛事之都做贡献。

△《美国医学会杂志》全文刊发上海市东方医院肿瘤医学部主任李进教授、中国人民解放军第八一医院副院长秦叔逵教授共同牵头研发的口服血管内皮生长因子受体抑制剂相关研究的完整结果。这项成果是中国抗肿瘤新药临床研究首次在国际权威期刊发表，更是首个独立由中国人发明、中国医生研究、中国企业研发的成果。

27日

△美国企业Plug and Play在沪举办“2018PNP夏季峰会—中美医疗大健康峰会”。上海市黄浦区副区长陈卓夫应邀出席，介绍黄浦作为上海的心脏、窗口和名片，具有发展生物医药健康产业得天独厚的区位优势和资源优势。同时表示，未来黄浦将围绕上海科创中心建设的总体目标，依托医疗资源集聚、市场潜力巨大等优势，着力打造生物医药健康产业的产业链、创新链和服务链，从政策、服务、人才等方面着手优化产业创新生态环境，加快生物医药健康产业等战略性新兴产业的培育和集聚。

28日

△美国驻上海总领事馆假座苏宁宝丽嘉酒店举行国庆招待会。上海市副市长许昆林、上海市人大外事委员会副主任委员宋妍、上海市政协经济委员会常务副主任徐海鹰、上海市外办巡视员范宇飞及社会各界人士约500人出席到贺。谭森总领事在致辞中谈到，上海是一座开放而包容的充满魅力的城市，中美双边关系虽然时有波折和摩擦，但双方业已取得的巨大成绩也是毋庸置疑的。中美

关系是当今世界最重要的双边关系，双方应携手共同努力，克服贸易纠纷等困难，共建更好更稳定的未来。

下旬

△上海南洋万邦软件技术有限公司斩获“微软全球最佳合作伙伴奖”。美国微软公司表示，2018年度合作伙伴奖的获奖者代表了最优秀、最具前瞻性的创新者，为复杂的商业挑战带来了前沿解决方案，为客户提供了数字化转型的机会。

本月

△华山医院迄今规模最大的国际学习项目——2017—2018年度哈佛医学院临床学者科研培训项目（国际班）（Global Clinical Scholar Research Training）完成结项。来自17个学科的18位华山医院医师获得了美国哈佛医学院颁发的结业证书。

7 月

1 日

△2018 年中美青年创客大赛上海赛区落幕。来自同济大学和上海交通大学的前五强获奖团队前往美国谷歌公司上海总部参加特训，为与中美两国 14 个赛区比拼的总决赛做准备。

2 日

△美国特拉华大学（University of Delaware）教授向青到访华东师范大学，作题为“The Smith and Critical Groups of a Graph”的讲座。

△美国蒙特克莱尔州立大学（Montclair State University）地球与环境系教授 Huan Feng 到访华东师范大学，作题为“Application of Synchrotron Radiation Techniques in Trace Metal Biogeochemical Studies”的讲座。

3 日

△美国宾夕法尼亚州立大学农业经济、社会与教育学系，人口学、农村社会学、公共健康学和社会学终身副教授，社会科学研究院和人口研究院运算与空间分析部主任迟光清到访华东师范大学，作题为“Social and Spatial Implications of Gasoline Price Changes”的讲座。

△美国东密歇根大学终身教授、东密歇根大学地理空间信息科学与教育研究所（IGRE）所长及创始人谢一春教授到访华东师范大学，作题为“Adapting Big Data Mining Analytics to Examine Dominant Trajectories of Neighborhood Change-A Case of Metro Detroit”的讲座。

△美国德克萨斯大学阿灵顿分校教授刘跃到访华东师范大学，作题为“Asymptotic Model Equations Arising in Shallow Water Theory”的讲座。

△上海美国商会在上海商城举行题为“领袖处理问题的能力：如何像最佳领袖那样进行批判性和创造性地思考(Problem Solving for Leaders: How to Think Critically and Creatively Like the Best Leaders)”的会员培训活动。出席培训活动的主讲嘉宾为资深培训师杰夫·谭(Jeff Tan)。

4日

△《美国国家科学院院刊》发表华东师范大学课题组关于神经细胞的相关研究。该研究首次实现了用一束远红光来控制干细胞分化为具有生物功能的神经细胞，进一步促进了基于光遗传学的精准治疗和临床转化研究。

△西弗吉尼亚大学化学系主席、希伯家族特聘教授格雷戈里·达德利(Gregory B. Dudley)和化学系副教授贾斯汀·莱利特(Justin Legleiter)分别到访华东理工大学，作题为“Chemical Synthesis: Enabling Technology and Enigmatic Challenge”和“Biophysical Insights into How Surfaces, Including Lipid Membranes, Modulate Protein Aggregation Related to Neurodegeneration”的讲座。

△美国期刊*Autophagy*以“Rocaglamide Enhances NK Cell-mediated Killing of non-small Cell Lung Cancer Cells by Inhibiting Autophagy”为题在线发表由上海中医药大学基础医学院研究团队的研究成果。该研究在传统中医药提高自然杀伤细胞抗肿瘤效应研究方面取得新进展。

5日

△美国数学会首届会士乔治·艾略特(George Elliott)到访华东师范大学，作题为“Recent Progress on Classification of C*-algebras”的讲座。

△德克萨斯大学化学系乔纳森·费利佩·阿鲁巴(Jonathan Felipe Arambula)到访同济大学，作题为“Redox Active N-heterocyclic Carbene Ligated Gold (I) Complexes as Anticancer Dual Targeting Agents”的讲座。

△上海侨务访问团一行5人赴美，通过座谈、走访等形式，与美国侨界代表围绕“一带一路”倡议、上海科创中心建设以及2018上海举办的首届进口博览会等进行交流。

△上海美国中心的国际访问者领导项目(International Visitor Leadership Program)系列演讲邀请了该项目1988年的学友钱世锦。钱世锦在上海美国中心为观众播放了音乐剧片段来为大家介绍歌剧、戏剧和音乐剧最大的区别。

6日

△上海美国商会在上海商城举行题为“HR Essentials for Non-HR Managers(面向非人力资源经理的人力资源基础知识)”的会员培训活动。出席培训活动的主讲嘉宾为Simitri的资深培训师爱丽丝·王(Alice Wang)。

△美国佐治亚理工学院讲席教授维诺德·辛格尔(Vinod Singhal)到访上海大学,作题为“供应链风险和财务绩效:供求实证研究”的讲座。

7日

△马里兰大学东海岸工程和航空科学系的教授金元威到访华东师范大学,作题为“MIMO Ultrasonic Imaging Using Propagation and Backpropagation Method”的讲座。

9日

△印第安纳大学信息学、计算与工程学院教授、印第安纳大学信息科学远程教学项目联合主任丁莹博士到访上海交通大学,作题为“Data-Driven Science of Science”的讲座。

△北卡罗莱纳州立大学李凡星到访华东理工大学,作题为“Mixed-Oxide Redox Catalysts for Light Paraffin Conversions under Cyclic Redox Schemes”的讲座。

10日

△美国特拉华大学机械工程系(Mechanical Engineering)助理教授付堃到访东华大学,作题为“Advanced Fibers for Energy and Wearable Applications”的讲座。

△上海市政府和美国特斯拉公司签署合作备忘录。上海市市长应勇、特斯拉公司董事长兼首席执行官埃隆·马斯克(Elon Musk)出席并共同为特斯拉(上海)有限公司和特斯拉(上海)电动汽车研发创新中心揭牌。特斯拉公司将在临港地区独资建设集研发、制造、销售等功能于一体的特斯拉超级工厂,这是上海有史以来最大的外资制造业项目。

△上海美国商会市场和媒体委员会(Marketing & Media Committee)在上

海商城举行题为“Applying A.I. to Improve Marketing Performance（运用人工智能以提升市场表现）”的活动。出席活动的主讲嘉宾有RIKAI Labs的首席执行官David ‘DC’ Collier、首席运营官Edaan Getzel、APEX Technologies的联合创始人Tiger Yang等人。

△上海美国商会在上海商城举行题为“Digital Marketing for B2B-Wechat, Website, Search Engine, Digital Media（B2B的电子营销：微信、网站、搜索引擎与电子媒体）”的会员培训活动。出席培训活动的主讲嘉宾为Juplus China的首席执行官Sheng Pang。

上旬

△2018年美国印刷大奖正式揭晓。上海选送了80件作品参评，最终揽获金奖26项、银奖14项、铜奖15项。美国印刷大奖组委会首次为上海出版印刷高等专科学校和上海新闻出版职业技术学校颁发了集体金奖。本届美国印刷大奖上海参评覆盖率进一步提高，学生创意设计、印制水平获得国际认可，反映出当前上海印刷产业转型升级取得的新突破，彰显了产业创新发展的新成果，数字印刷、创意设计、跨界融合发展的引领作用已逐步显现。

11日

△第六届上海国际芭蕾舞比赛复赛选手名单出炉。来自中国、美国、加拿大、德国、日本等国家的95名选手入围复赛。相较于上届比赛，本届入围复赛的选手人数同比增长21.8%，其中海外选手共40人，分布全球五大洲，占入围选手总数的42.1%。该届比赛入围选手地域覆盖面大、获奖人次比例高，反映出上海国际芭蕾舞比赛全球竞争力和影响力的不断提升。入围的95名复赛选手中，有45人曾在美国杰克逊国际芭蕾舞比赛、保加利亚瓦尔纳国际芭蕾舞比赛、南非国际芭蕾舞比赛、日本东京国际芭蕾舞比赛、韩国国际芭蕾舞比赛、蒙古国际芭蕾舞比赛、德国Tanzolymp国际舞蹈节等国际赛事中摘得奖项。

12日

△上海美国商会在上海商城举办题为“未来领袖：面向准备作出改变的未来领袖的研习会（The Future Leader: A Workshop for FUTURE LEADERS Ready to Make a Difference）”的会员培训活动。出席培训活动的主讲嘉宾为资

深培训师杰夫·谭(Jeff Tan)。

△上海美国商会在普华永道创新中心举行2018年度上海美国商会《中国经济报告》发布会。出席发布会的主讲嘉宾有普华永道合伙人、中国区咨询客户和市场主管丹尼尔·迪菲利波(Daniel Difilippo)、经营咨询主管马克·吉尔布瑞斯(Mark Gilbraith)等人。

△密歇根州立大学(Michigan State University)教授彼得·贝茨(Peter Bates)到访华东师范大学,作题为"Gradient — Like Dynamics —— Motion Near a Manifold of Quasi — Equilibria"的讲座。讲座由上海纽约大学数学科学学院(NYU-ECNU Institute of Mathematical Sciences at NYU Shanghai)主办。

△美国俄克拉荷马大学周集中教授到访华东师范大学,作题为"Theoretical, Experimental and Computational Challenges in Microbiome Research"的讲座。

△美国密歇根州立大学 Wei Liao 副教授到访华东理工大学,作题为"Food-Energy-Water Nexus Solutions Towards Global Sustainability"的讲座。

13日

△美国加州大学洛杉矶分校(UCLA)医学-全球健康暑期海外学习项目在上海中医药大学结束。该项目为期近一个月,通过学习中医药和中西医结合在中国医疗卫生系统的应用来提高学生们对中医药和中西医结合的了解,促进这些美国未来的医疗从业人员对传统医学在医疗卫生系统中跨专业临床协作中发挥作用的理解。

△美国宾夕法尼亚大学沃顿商学院教授斯图尔特·戴蒙德(Stuart Diamond)到访上海交通大学,作主题为"如何进行高效谈判—沃顿商学院最受欢迎的谈判课"的分享。

△美国德克萨斯大学达拉斯分校(UTD)计算机系堵丁柱教授到访华东师范大学,作题为"Longest Path in Digraph and Secure Scheduling for Barrier Coverage"的讲座。

△美国格兰谷州立大学地理与可持续规划系副教授徐刚到访同济大学,作题为"美国 Shopping Center 规划理念及其对城市发展的影响"的讲座。

△上海市科委支持设立的上海技术转移学院开班。学院邀请了中美一流的技术转移和知识产权专家为来自上海和吉林的高校、科研院所、三甲医院、企业

的技术转移从业人员授课。中国大多数高校、科研院所对专利成果采取“粗放式管理”模式，与欧美高校院所的管理水平差距很大。培训旨在培养技术转移领域的专业人才。

△上海美国商会财政服务委员会(Financial Services Committee)在上海商城举行主题为“产业焦点：保险业(Industry Highlight-Insurance)”的教育活动。出席活动的主讲嘉宾为 Winston & Strawn LLP 上海代表处的布林顿·史葛(Brinton M. Scott)和格雷格·哈里斯(Greg Harris)。

14 日

△复旦大学美国研究中心、上海国际问题研究院成为由财政部国际财经中心会同国内相关研究机构发起的“美国研究智库联盟”首批成员之一。首批成员还包括中国发改委宏观经济研究院、商务部国际贸易经济合作研究院、中国社科院世界经济与政治研究所和美国研究所、中国现代国际关系研究院、中国财政科学研究院、财政部国际财经中心、北京大学国家发展研究院、北京大学国际关系学院、清华大学国际关系研究院、清华大学国家金融研究院、中国人民大学国际关系学院、复旦大学美国研究中心、外交学院、国际关系学院、中国金融四十人论坛、全球化智库等近 20 家国内知名智库。联盟以加强研究、咨政建言为宗旨，围绕美国政治经济形势、美国内外经济政策、中美关系等问题，开展基础性、政策性和前瞻性研究，积极开展国际交流合作，发挥智库独特的二轨作用。

16 日

△纽约大学电子与计算机工程系的教授法沙德·科拉米(Farshad Khorrami)到访华东师范大学，作题为“Autonomous Robot Navigation Using Multi-Modal Sensor Fusion”的讲座。

17 日

△上海美国商会在上海商城举办题为“如何与创新型中国企业竞争(How to Compete with Innovative Chinese Businesses)”的演讲。出席活动的主讲嘉宾为商业战略家和经济史学者保罗·克利福德(Paul Clifford)博士。克利福德曾于 1970 年首次访华，为中国国企以及部分世界五百强企业提供关于综合物流、电信基础设施、航运、铁路、矿产开采、消费品和电信运营等领域的咨询服务。

17 日—20 日

△由上海市浦东新区辅读学校、上海市体育学院、上海市浦东外事服务学校组建的中国特奥融合足球队出征美国芝加哥,参加国际特殊奥林匹克运动开展五十周年纪念活动——2018 年特奥融合杯世界足球赛,获得季军。

18 日

△美国期刊《实验医学杂志》(*Journal of Experimental Medicine*)以"LPS Inactivation by a Host Lipase Allows Lung Epithelial Cell Sensitization for Allergic Asthma"为题在线发表复旦大学基础医学院免疫学系吕鸣芳研究员课题组关于过敏性哮喘的研究成果。此项研究阐明了肠道共生菌来源的脂多糖及宿主内源性脂多糖降解酶 AOAH 调控过敏性哮喘的新机制。

19 日

△上海美国商会企业家委员会(Entrepreneurship Committee)与供应链委员会(Supply Chain Committee)在上海商城联合举行主题为"企业家在中国采购的最佳实践(China Sourcing Best Practices for Entrepreneurs)"的活动。活动主讲嘉宾为 80/20 Sourcing 的创始人 Gary Huang,介绍在美国和欧洲的亚马逊平台销售。

△隶属于美国通用电气公司的 GE 医疗宣布在浦东张江成立全新的细胞与基因治疗亚洲技术中心,这是 GE 医疗在亚洲的首个细胞及基因治疗实验室。该中心可加速细胞治疗与基因治疗的临床转化流程,推进全产业链的商业化进程。当天,GE 医疗还宣布与上海企业亘喜生物就细胞基因治疗生产项目达成战略合作意向。

△美国约翰霍普金斯大学布隆伯格公共卫生学院院长艾伦·麦肯齐(Ellen Mackenzie)教授率约翰霍普金斯大学教育研究院副院长劳拉·摩洛克(Laura Morlock)教授、政策与管理系主任科林·巴里(Colleen Barry)教授、流行病学系主任大卫·塞伦塔诺(David Celenatano)教授、亚太医院管理和领导力研究中心主任 Leiyu Shi 教授、研究生项目主任朱迪斯·霍尔泽(Judith Holzer)等到访复旦大学公共卫生学院。双方就深化教学、培训与科研合作事宜进行了讨论,并续签翰霍普金斯大学布隆伯格公卫学院与复旦大学公共卫生学院合作备忘录。这

是双方在十年前首次签署院级合作备忘录后的第二次续签，确立了双方在公共卫生教学与科研领域深化合作的目标与方向。

△明尼苏达大学副教授威廉·波梅兰茨(William Pomerantz)到访华东理工大学，作题为"Inspiration from Fluorination：Chemical Biology Approaches to Probe Molecular Recognition Events in Biology"的讲座。

△美国俄克拉荷马州立大学吴家宏教授到访上海大学，作题为"二维带部分耗散的 Boussinesq 方程的稳定性和正则性结果"的讲座。

20 日

△美国学术期刊《科学》(*Science*)以"中国典型超大城市的硫酸-二甲胺大气新粒子形成事件(Atmospheric New Particle Formation from Sulfuric Acid and Amines in a Chinese Megacity)"为题发表复旦大学王琳团队关于中国典型城市上海大气污染纳米微细粒子形成的化学机制的研究结果。此项研究为中国大气颗粒物污染防治政策的制定提供新的科学证据，助力国家推出更有针对性的污染防控措施。

△美国哥伦比亚大学陈经广(Jingguang Chen)教授到访华东理工大学，作题为"Tackling CO2 Issues by Chemical Conversion and by Reducing CO2 Emission"的讲座。

△美国密歇根大学医学院-内科系和医学生物科学纳米技术研究所副教授王苏河到访东华大学，作题为"Development of an Antimicrobial Nano-agent for Multi-drug Resistant Wound"的讲座。

22 日

△美国达美航空正式开通上海浦东国际机场至亚特兰大直飞航线。直飞该航线机型为波音 777—200 客机，航班号 DL186/185，每日一班。上海-亚特兰大直达航线的开通，在两大机场之间架起一座空中桥梁，也为中转至中南美的旅客提供了更便捷的选择。

23 日

△由上海市教委和上海市科委联合主办的 2018(第七届)上海国际青少年科技博览会暨"明日科技之星"国际邀请赛在上海展览中心举行开幕式。来自中

国、美国等13个国家(地区)的39支参赛队伍近250多名师生参赛。市科委副主任朱启高向代表队授旗。市教委副主任倪闽景宣布开幕。

△美国纽约大学工学院金融与风险工程系主任彼得·卡尔(Peter Carr)教授到访上海交通大学高级金融学院,出席该院举办的系列高端学术讲座活动SAIF-CARF名家讲堂,围绕期权市场,深度解析波动性交易、偏斜交易和微笑交易三者的关系。

△美国国家工程院院士、美国东北大学杰出教授阿瑟·库里(Arthur Coury)到访东华大学,作题为"Biomaterials: Status and Prospects"的讲座。

24日

△美国德克萨斯大学化学系教授Guorong Sun到访华东师范大学,作题为" CXCR4-targeted, Ultrasmall Nanoclusters as Novel Theranostic Nanoplatform Towards Imaging Guided Therapy of Triple-Negative Breast Cancer"的讲座。

△上海市政府副秘书长、浦东新区区委副书记、区长杭迎伟会见总部位于美国纽约的铁狮门公司总裁兼首席执行官徐瑞柏一行。杭迎伟表示浦东还将进一步优化投资环境和营商环境,希望与铁狮门公司在多方面进行交流,共同推进发展。徐瑞柏表示,浦东20多年来的发展成果是一个奇迹,铁狮门公司自2006年进入中国以来,一直在寻找参与浦东开发的机会。他非常高兴能通过开发建设世界级的项目,为浦东的发展添砖加瓦。浦东新区副区长姚凯会见时在座。

△美国戴顿大学物理系、光电和光子学系赵乘龙副教授到访上海理工大学,并作题为"基于激光诱导纳米弹的增材纳米加工及传感技术的研究(Laser-induced Nanobullets for Additive Nanofabrication and Sensing)"的讲座。

△美国伊利诺伊大学厄巴纳-香槟分校Jianjun Cheng教授到访华东师范大学,并作题为"Biomaterials Capable of Cell Membrane Modulation and Selective in Vivo Labeling for Drug Delivery Applications"的学术报告。

△美国俄亥俄州立大学艾夫纳·弗里德曼(Avner Friedman)到访同济大学,作题为"Mathematical Models of Cancer Clinical Trials"的讲座。

△美国德克萨斯大学阿林敦(Arlington)分校物理系纳米生物物理专业终身教授陈伟(Wei Chen)博士到访华东理工大学,作题为"Exploration of Nanoparticles Based Photodynamic Therapy For Deep Cancer Treatment"的

讲座。

26 日

△美国艺术与科学院院士、美国科学促进会会士、美国语言学学会会长马克·阿伦诺夫(Mark Aronoff)到访上海交通大学,作题为"Al-Sayyid Bedouin Sign Language: a Language Blooms in the Desert"的讲座。

△美国精神疾病杂志《美国医学会杂志·精神病学卷》(*JAMA Psychiatry*)以"人脑功能连接调制抑郁问题与睡眠质量关系的机制(Functional Connectivities in the Brain That Mediate the Association Between Depressive Problems and Sleep Quality)"为题,在线发表复旦大学类脑智能科学与技术研究院院长冯建峰教授领衔的国际合作团队关于抑郁症与睡眠问题临床治疗的研究结果。该项研究首次发现了抑郁症与睡眠问题的共病病理机制,为改善大众尤其是抑郁症患者睡眠质量问题,甚至治疗抑郁症带来革命性突破。

△上海美国商会财政服务委员会(Financial Services Committee)在波特曼-丽思卡尔顿酒店举行"标普全球评级(S&P Global Ratings)"中国评级午餐会。"标普全球评级"首席经济师保罗·格伦瓦尔德(Paul Gruenwald)作为嘉宾,主讲一带一路、中国的宏观经济展望以及贸易摩擦等问题。

27 日

△美国学术期刊《科学》的综合类子刊 *Science Advances* 以"Exploring a Naturally Tailored Small Molecule for Stretchable, Self-healing and Adhesive Supramolecular Polymers"为题,在线报道了华东理工大学费林加诺贝尔奖科学家联合研究中心田禾院士和曲大辉教授团队在超分子聚合物研究中的重要进展。

△美国化学会期刊《纳米快报》以"Dually Gated Polymersomes for Gene Delivery"为题,在线发表了同济大学材料科学与工程学院高分子材料系、同济大学附属第十人民医院杜建忠教授课题组关于设计一种具有"双门控"系统的智能纳米高分子囊泡的相关成果。

下旬

△美国《科学》(*Science*)杂志在线发表了上海科技大学物质科学与技术学院左智伟科研团队的科研成果。该团队开发出一种廉价、高效的铈基催化剂和

醇催化剂的协同催化体系，成功地使用商品化 LED 光源作为反应能量来源，在室温条件下，顺利实现了高选择性的甲烷到高附加值产物的转化。

31 日

△美国加州大学圣芭芭拉分校西峰·颜(Xifeng Yan)教授到访上海大学，作题为“自然语言查询接口/时间序列预测”的讲座。

△上海美国商会在上海商城举行题为“面向经理人的高级演示技巧(Powerful Presentation Skills for Managers)”的会员培训活动。出席培训活动的主讲嘉宾为资深培训师利亚姆·卡拉汉(Liam Callaghan)。

本月

△华东理工大学资源与环境工程学院师生一行 10 人赴美国佛罗里达大学开展为期 7 天的访学交流活动，以推动华东理工大学与佛罗里达大学“3 + 1 + X”国际交流合作项目。华东理工大学资源与环境工程学院师生先后到访美国佛罗里达大学可持续基础建设与环境学院的多所实验室以及 Sweetwater 湿地公园，了解佛罗里达大学在雨水污染处理、大气污染物富集和处理、固体废弃物回收利用等方面的前沿研究并参加佛罗里达大学开设的环境工程概论、化学实验等课程，体验国际教学环境与方法。

8月

1日

△2014年诺贝尔化学奖得主、美国斯坦福大学教授威廉姆·艾斯科·莫尔纳尔(William E. Moerner)到访复旦大学,作题为“The Story of Single Molecules, from Early Spectroscopy in Solids, to Super-Resolution Microscopy Inside Cells, to Single Biomolecule Dynamics”的学术报告。

△上海美国商会在上海商城举行题为“冲突管理培训(Conflict Management Workshop)”的会员培训活动。出席活动的主讲嘉宾为Simitri Group International的高级咨询师马克·福格尔(Marc Fogel)。

△上海美国商会邀请上海市发展和改革委员会(Shanghai Development and Reform Commission)在上海商城举办“百项举措”(100 Measures)政府政策宣讲会。宣讲人为市发改委的卢爱国。

2日

△上海美国商会市场和媒体委员会(Marketing & Media Committee)在上海商城举办主题为“采用虚拟现实技术的试验营销(HTC VIVE China President, Alvin Graylin Wang on Experiential Marketing with Virtual Reality)”的活动。出席活动的主讲嘉宾为HTC VIVE VR中国区主席阿尔文·格雷林·王(Alvin Graylin Wang)。

△上海市商务委员会、美中贸易委员会联合上海市发展和改革委员会、上海市金融服务办公室、自贸试验区管委会召开“上海扩大开放与建设一流营商环境圆桌交流会”。市商务委副主任杨朝、美中贸易委员会上海代表处首席代表欧文·哈克(Owen Haacke),市发展和改革委、市金融办、自贸试验区管委会相关负责人出席。Adobe、宝洁、通用汽车、苹果、联邦快递、百事等多家知名企业的

高层代表与会。

△百事公司在上海宣布增资近一亿美元，扩建并改造其上海松江食品工厂，增设全新生产线，引入先进的包装与仓库技术。该投资完成后，百事松江工厂将提供约370个直接就业机会。百事公司大中华区总裁兼首席执行官柯睿楠(Ram Krishnan)表示百事公司将努力为中国的可持续发展做出更多的贡献。

△美国期刊《细胞代谢》(*Cell Metabolism*)以"棕色脂肪组织通过分泌肌肉生长抑制素调控骨骼肌功能(Brown Adipose Tissue Controls Skeletal Muscle Function via the Secretion of Myostatin)"为题，在线刊登了复旦大学生命科学学院刘铁民教授课题组、美国加利福尼亚大学洛杉矶分校(UCLA)孔星星教授课题组以及美国哈佛医学院 Evan Rosen 课题组的合作研究。该研究揭示了棕色脂肪与骨骼肌之间全新的交互作用和分子关联，拓展了对代谢网络在分子、细胞和组织器官水平的认识，为进一步探究糖尿病、肥胖和骨骼肌病等代谢综合征的病理机制和有效治疗策略指出新方向。

△美国化学会环境类顶级期刊《环境科学与技术》(*Environmental Science & Technology*)以"Total Oxidation of Propane over a Ru/CeO2Catalyst at Low Temperature"为题，刊登了华东理工大学化学学院詹望成教授在低温高活性的低碳烷烃燃烧催化剂方面取得的突破性进展。

5日

△上海音乐学院夏季国际钢琴学院开班仪式在上海音乐学院小音乐厅举行。仪式由上海音乐学院国际钢琴艺术中心主任周铿主持，多国钢琴大师到会，著名作曲家、钢琴家刘念劬教授应邀参加。美国耶鲁大学音乐学院院长罗伯特·布鲁克尔教授发表讲话并独奏了巴赫和勃拉姆斯A大调间奏曲。

7日

△上海美国商会未来领袖委员会(Future Leaders Committee)在四季酒店举办月度会员简报会，并公布了2018年度"未来领袖奖"(2018 Future Leaders of the Year Awards)。简报会主讲人为 Shanghai Great Investment 公司的首席执行官克里斯·周(Chris Zhou)。

8日

△上海美国商会在上海商城举办题为“经理教练的天赋：如何从团队中获取最佳(Managers Coaching Talent：How to Get the Best Out of Your Team)”的会员培训活动。培训活动的主讲人为资深培训师杰夫·谭(Jeff Tan)。

△美国期刊《纳米通讯》(*Nano Letters*)以“In Vivo Mitigation of Amyloidogenesis through Functional — Pathogenic Double-Protein Coronae”为题，在线发表了同济大学环境科学与工程学院林思劼课题组的研究成果。该课题组通过设计调控纳米材料表面的蛋白冠结构(Protein Corona)，首次证实了具有特定蛋白冠结构的纳米材料能够有效抑制淀粉样蛋白的纤维化进程，从而降低因纤维化导致的生物毒性。

△《科学》子刊《科学进展》(*Science Advances*)以“Kisspeptin/GPR54 Signaling Restricts Antiviral Innate Immune Response Through Regulating Calcineurin Phosphatase activity”为题，在线发表了华东师范大学生命科学学院、上海市调控生物学重点实验室杜冰研究员课题组在抗病毒天然免疫领域取得的重要研究成果。该研究从抗病毒天然免疫的角度阐明了一条神经内分泌系统调控固有免疫系统的新途径，为深入理解神经、内分泌以及免疫系统之间的复杂调控网络提供了线索。

△美国化学会催化旗舰刊物 *ACS Catalysis* 以“Regioselectivity Engineering of Epoxide Hydrolase：Near-PerfectEnantioconvergence Through a Single Site Mutation”为题，发表了华东理工大学生物反应器工程国家重点实验室、上海生物制造技术协同创新中心生物催化研究室、中科院上海有机化学研究所以及上海交通大学等单位人员协同创新实现的关于环氧水解酶完美对映汇聚的研究成果。

△美国化学会会志 *JACS* 以“Discovery of High-Performance Thermoelectric Chalcogenides through Reliable High-Throughput Material Screening”为题，发表了上海大学材料基因组工程研究院杨炯教授课题组的研究成果。该研究用材料基因组(MGI)方法，首次利用上海大学高通量计算与实验平台，在高通量全流程新材料筛选研究领域获突破性进展，是在集成数据库技术、高通量计算、高通量材料制备与表征筛选全流程材料基因组方法上实现的创新性成果。

9日

△上海美国商会法律委员会(Legal Committee)在上海商城举办主题为“美

国司法部的执行和监管观点(Enforcement and Regulatory Perspectives in the U. S. Department of Justice)”的活动。活动主讲人为 Morgan Lewis 的合伙人弥敦·霍奇曼(Nathan J. Hochman)。

△以美战略与国际问题研究中心东南亚项目副主任布莱恩·哈丁为团长的美国青年政治家代表团到访上海国际问题研究院,就中美关系、“一带一路”倡议和有关国际地区热点问题等与台港澳研究所所长邵育群、外交政策所研究员蔡鹏鸿、副研究员周士新展开交流。

10 日

△第二届上海艾萨克·斯特恩国际小提琴比赛在上海交响音乐厅启动。美国指挥家、艾萨克·斯特恩(Isaac Stern)之子大卫·斯特恩(David Stern)和中国小提琴演奏家徐惟聆联合担任该比赛评委会主席。在启动仪式上,斯特恩表示希望这场比赛不是教会年轻人如何竞争,而是告诉他们未来应该成为什么样的音乐家。

12 日

△由特拉华州纽卡斯尔郡郡长马修·迈耶(Matteh Meyer)为团长的美国代表团到访上海国际问题研究院,与该院台港澳研究所所长邵育群、国际战略研究所助理研究员薛晨就中美关系走向进行交流。

12—13 日

△诺贝尔物理学奖获得者、美国科学院院士、美国艺术和科学院院士、中国科学院外籍院士、斯坦福大学物理学哈维·曼斯菲尔德(William R. Kenan, Jr.)教授及医学院教授朱棣文(Steven Chu)到访复旦大学,作题为“生物成像”及“能源和气候变化”的学术报告,并与复旦师生展开交流。

13 日

△材料领域权威期刊《先进功能材料》(*Advanced Functional Materials*)以“Versatile Antibacterial Materials: An Emerging Arsenal for Combatting Bacterial Pathogens”为题,在线发表了华东理工大学材料学院刘润辉教授与合作者撰写的抗菌材料综述论文。文章结合作者见解总结和评述了抗菌材料领域

近期的发展和前沿研究进展，并为这一领域的发展提出了一些建议和展望。

14日

△《美国科学院院报》(*PNAS*)在线发表了中科院分子植物科学卓越创新中心/植物生理生态研究所研究组的相关研究成果。研究组利用基因组编辑家蚕，大量获取蜘蛛丝蛋白。该研究为利用家蚕大量生产新型纤维材料及获取其他高附加值蛋白提供了新策略。

16日

△美国期刊《神经元》(*Neuron*)以"痛觉传递的前馈抑制门控的时间机制(Timing Mechanisms Underlying Gate Control by Feedforward Inhibition)"为题，在线发表了复旦大学基础医学院中西医结合学系、中西医结合研究院针灸研究所王彦青教授团队与美国哈佛大学医学院 Dana-Farber 癌症研究所马秋富教授团队的合作研究成果。该项研究从时间机制方面揭示了痛觉的闸门控制学说的工作机理，并阐明了伤害性 C 纤维传入如何打开机械痛的闸门控制的，从而进一步完善了痛觉的闸门控制理论，在痛觉神经生物学领域取得重要进展。

18日

△"觉醒的现代性——毕业于宾大的中国第一代建筑师"展览在上海博物馆开幕。该展览聚焦上世纪二三十年代毕业于美国宾夕法尼亚大学的第一代中国建筑师，强调了美国和中国人民之间长久的历史关系、教育和学术交换和持续的影响力。逾 200 位艺术家和建筑师受邀参加此次展出。美国驻上海总领事馆领事希拉姆·瑞欧斯·埃尔南德斯(Hiram Rios Hernandez)和新闻文化处助理谢翩翩出席了开幕式。

19—25日

△受外交部委托，上海国际问题研究院院长陈东晓率团访问美国首都华盛顿和密歇根州，先后拜会美国数位智库和国际组织专家，美国高通、摩根士丹利、万事达等十多家知名企业代表，以及中国驻美使馆公使徐学渊、驻世界银行执董杨英明、中资企业华域视觉科技美国公司(特洛伊)总经理陈康元等人。双方就美国国内政治经济生态、中美经贸关系发展走势等进行了广泛深入的交流。

20日

△上海美国商会社会责任理事会(Council for Social Responsibility)在上海商城举办题为“环境问题的设计思考(Design Thinking for Environmental Issues)”的培训会。出席培训会的主讲嘉宾为沃尔夫·余(Wolfie Yu)博士以及US Green Solutions的主席迈克尔·罗森塔尔(Michael Joseph Rosenthal)。

△“信息技术教育创新·中美专家深度对话”报告会在华东师范大学举行。美国麻省理工学院媒体实验室学习研究教授、Scratch程序应用开发团队负责人米切尔·瑞斯尼克(Mitchel Resnick)作题为“Using Information Technology to Support Creative Learning”的报告,并与中国专家展开对话。双方围绕Scratch软件的教育特性、中国信息技术发展的新要求、中国教法创新和框架支持方面所面临的挑战等话题进行交流。上海市中学信息科技教研员张汶、信息技术资深教师费宗翔,上海STEM云中心主任张逸中博士以及上海市世界外国语中学副校长陈勇等100多名专家学者与会。报告会还通过网络直播的形式向社会开放,共有2 300余人在线观看。

21日

△上海市委书记李强会见美国美中贸易全国委员会会长克雷格·艾伦(Craig Allen)一行。李强表示,中美经贸关系健康稳定发展十分重要,希望美中贸易全国委员会及时传递在华美资企业的呼声,为维护促进中美经贸关系发展发挥好桥梁纽带作用。克雷格·艾伦表示赞同美中两国应通过谈判协商解决贸易分歧和问题,将继续支持美资企业扩大在华在沪投资,并组织企业参展首届中国国际进口博览会。上海市国际贸易促进委员会副会长李志刚参加了会见。

△上海美国中心邀请就职于檀香山太平洋论坛美国战略与国际问题研究中心的资深顾问以及东京多摩大学的访问教授布赖德·格劳斯曼(Brad Glosserman)分析美国印太战略。格劳斯曼谈了自己对美国印太战略的分析以及对比上一届政府的“亚洲再平衡”策略。

△上海美国商会商业理事会(Business Council)在上海商城举办题为“SME制造的最佳实践(Best Practices for SMEs Manufacturing)”的圆桌讨论会。出席讨论会的主讲嘉宾为德勤中国的合伙人多莉·张(Dolly Zhang)。

22日

△美国国会议员助手团到访上海国际战略问题研究院，并就中美关系与该院台港澳研究所所长邵育群、比较政治与公共政策研究所助理研究员曹嘉涵和世界经济研究所副研究员王玉柱进行了交流。

△上海美国商会食物、农业和饮料委员会(Food, Agriculture, & Beverage Committee)在上海商城举办主题为"与美国农业部的莱恩·斯科特的对话：在中国与农业贸易办公室协作(A Talk with USDA's Ryan Scott: Working with the Agricultural Trade Office in China)"的活动。出席活动的主讲嘉宾为美国农业部驻上海领事馆的农业贸易办公室的瑞安·史葛(Ryan Scott)以及Keller and Heck*m*an LLP的经营合伙人大卫·埃廷格(David Ettinger)。

△上海美国商会政府支持项目(Government Policy Support Program)在上海商城举办题为"GPS食品与饮料简报：对付职业打假人(GPS Food and Beverage Briefing: Dealing with Serial Complainants)"的简报会。简报会主讲人为上海邦信阳中建中汇律师事务所张士海律师。

23日

△中国商飞公司副总经理郭博智会见到访的美国派克宇航集团战略业务整合副总裁马克·史蒂芬(Mark Seidel)一行。

△上海美国商会在上海商城举办题为"咨询销售技巧培训：新企业的发展(Consultative Selling Skills Workshop: New Business Development)"的会员培训活动。培训活动的主讲嘉宾为资深培训师马克·福格尔(Marc Fogel)。

△上海美国商会在上海商城举办题为"遵守网络安全法系列讲座第二期：基础设施关键信息和数据本土化(Cybersecurity Law Compliance Workshop Series II: Critical Information Infrastructure and Data Localization)"的培训活动。培训活动主讲嘉宾有上海市信息安全协会副秘书长张凯、Clyde & Co的合伙人理查德·贝尔(Richard Bell)等人。

△同济大学生命科学与技术学院高绍荣教授和张勇教授课题组在国际权威学术期刊《干细胞》(*Cell Stem Cell*)上在线发表题为"Inhibition of Aberrant DNA Re-methylation Improves Post-Implantation Development of Somatic Cell Nuclear Transfer Embryos"的文章。该研究通过对不同发育命运体细胞克隆胚胎进行全基因组DNA甲基化组高通量测序分析，详细地研究了小鼠克隆胚胎

早期着床前发育过程中DNA甲基化修饰的重编程过程,并揭示了异常的DNA再甲基化(DNA re-methylation)是导致克隆胚胎着床后发育异常的关键因素。

24日

△由上海戏剧学院自编自导的英文版话剧《枫梓乡》(Where Is My Maple Town)在纽约百老汇上演。这是百老汇舞台上迄今为止第一部讲述中国传统故事的戏剧。

△麻省理工学院斯隆汽车实验室(Sloan Automotive Lab)教授Wai K. Cheng到访同济大学,作题为“Assessing the Performance of Extended Stroke Spark Ignition Engine”的讲座。

△上海市政协副主席李逸平会见来沪访问的美国伊利诺伊州众议员阿瑟·特纳,向来宾介绍了上海改革开放和经济社会发展等情况。

△美国伯克利加州大学燃烧分析实验室(Combustion Analysis Lab)教授罗伯特·迪布尔(Robert Dibble)到访同济大学,作题为“Comparison of Argon Power Cycle with CO2 Power Cycle (Generate Power with Zero Exhaust?)”的讲座。

△美国期刊《科学》(*Science*)发表了上海大学曹世勋教授团队与美国莱斯大学(Rice University)Kono教授团队的合作研究成果。该研究团队在matter-matter系统中发现了第一个Dicke协同作用的实例。这一发现为利用量子光学中的概念和工具去理解、控制和预言凝聚态物质中的新物相提供了一条新的途径。

△上海美国商会在上海商城举办题为“战略性思考(Strategic Thinking)”的会员培训活动。培训活动的主讲嘉宾为资深培训师Julie Zhang。

25日

△上海大学与美国宾夕法尼亚大学沃顿商学院在沪举行合作备忘录签约仪式,并为“上大-沃顿合作项目办公室”揭牌。上海大学党委书记、校长金东寒与沃顿商学院院长杰弗里·盖瑞特(Geoffrey Garrett)签署协议。签约仪式后,盖瑞特作关于“中美教育合作”的主题演讲,希望双方能够成为大学商科教育合作的典范,成为上海教育的国际合作标杆,为中美两国教育合作谱写新的篇章。

26日

△美国NBA洛杉矶湖人队球星勒布朗·詹姆斯(LeBron James)到访上海交大附中,指导学校篮球队队员训练。在一个多小时的活动中,他全程在场上与队员们交流、进行投篮练习,并送出40件洛杉矶湖人队球衣给现场观众。

△上海国际战略问题研究会与上海国际问题研究院联合举办“从冷战时期美苏关系看当前中美关系:比较和应对”研讨会,华东师范大学冯绍雷教授,上海社会科学院潘光研究员、王健研究员、徐明棋研究员,复旦大学吴心伯教授,同济大学郑春荣教授与会,围绕冷战时期的美苏关系与当前中美关系的比较、特朗普政府对华政策的发展趋势及其应对等相关问题展开研讨。上海国际问题研究院副院长严安林主持会议。该院学术委员会主任、国际战略问题研究会会长杨洁勉致辞并总结会议。他指出当前国际关系研究要加强对国际形势的长远战略思考,更加深入研讨改革开放40年中国外交的成就和启示。

27日

△上海国际问题研究院亚太研究中心副主任龚克瑜、国际战略研究所薛晨与到访的美国驻上海总领事馆经济官苏达礼、政治领事戴杰森就朝核问题、美朝关系和中美合作进行交流沟通。

28日

△中国科学技术大学主办的2018年国际量子密码会议在上海开幕。来自中、美、德、奥、英、法、日等国的500余位专家参会,探讨量子保密通信的发展趋势。美国科学家、量子密码理论创始人之一查尔斯·本内特表示,中国量子科技近年来取得的成就令人印象深刻,2018年国际量子密码会议“花落”中国可谓顺理成章。

△上海美国商会在上海商城举办题为“常州金坛科技工业园区的汽车与零部件工业(Automobile & Parts Industry in Changzhou Jintan Science and Technology Industrial Park)”的工业园区宣讲会。出席活动的主讲嘉宾有常州金坛区Jincheng科技园区管理委员会主任Qi Li等人。

29日

△上海市市长应勇会见上海交通大学李政道研究所所长、诺贝尔物理学奖

获得者弗朗克・维尔切克一行。应勇对维尔切克出任李政道研究所所长和李政道研究所实验楼开工建设表示祝贺。他表示,当前上海正在加快建设具有全球影响力的科技创新中心,持续加大科研投入,并在张江科学城设立了李政道研究所等重要科研机构。欢迎更多全球顶尖科学家和科技人才来沪开展科研活动,加强合作交流,以科技造福全人类。衷心祝愿李政道研究所在维尔切克先生带领下,在科研领域取得更大进展和更多成果。维尔切克表示,上海持续推进科创中心建设,给科学家带来很多机遇。李政道研究所将立足世界科技前沿,努力挖掘科技潜能,助力上海实现科创中心的伟大愿景,为人类创造更多福祉。

△上海美国商会政府支持项目(Government Policy Support Program)在上海商城举办题为"GPS 健康简报:掌握中国的医疗支付和报销系统情况(GPS Healthcare Briefing: Mastering China's Medical Payment and Reimbursement Landscape)"的简报会。出席简报会的主讲嘉宾为上海健康发展研究中心 HTA 部的主任 Haiyin Wang 博士和 L. E. K Consulting 的合伙人史蒂芬・桑德兰(Stephen Sunderland)。

30 日

△上海美国商会健康委员会和法律委员会(Healthcare Committee & Legal Committee)在上海商城联合举办主题为"在创新时代管理卫生数据和知识产权保护(Managing Clinical Data and IP Protection in an Era of Innovation)"的活动。出席活动的主讲嘉宾有 Bird & Bird 的合伙人克里斯廷・耀(Christine Yiu)、Takeda 大中华区法律部主管汤姆・陈(Tom Chan)等人。

△美国国立卫生研究院(NIH)资深研究员,国家心脏、肺和血液研究所(NHLBI)系统生物学中心主任赵可吉到访上海海洋大学,作题为"单细胞染色质结构探测揭示细胞的异质性(Cellular Heterogeneity Revealed by Single-cell Chromatinorganization)"的讲座。

31 日

△美国期刊《科学》(*Science*)在线发表了复旦大学生命科学学院研究员聂明课题组的研究成果。该研究结合历史气候数据,从机制上解释了 C4 植物对大气 CO2 浓度升高响应更强的原理,表明将多重气候变化因子纳入到植物生产力模型和全球碳模型或将对预测未来气候变化具有重要指导意义。

△美国期刊《科学》(*Science*)以“Observation of Alkaline Earth Complexes M(CO)8(M = Ca, Sr, Ba) That Mimic Transition Metals”为题,发表了复旦大学化学系教授周鸣飞课题组的研究成果。该课题组通过实验发现主族的碱土金属元素钙、锶和钡可以形成稳定的八羰基化合物分子,满足 18 电子规则,表现出了典型的过渡金属成键特性。

△上海美国商会在上海商城举办题为“海关的新时代:海关重构和贸易便利调查结果(Customs' New Era: Customs Restructuring and Trade Facilitation Survey Results)”的主题活动。出席活动的主讲嘉宾为 Amber Road 的经营主管 Kae-por Chang 以及普华永道全球贸易管理服务经理迈克尔·吴(Michael Wu)。

△上海美国商会在上海商城举办题为“二十一世纪的领袖:通过改变来领导(21st Century Leader: Leading Through Change)”的会员培训活动。出席培训活动的主讲嘉宾为普华永道高级经理埃里克·巴恩斯(Erik Barnes)。

本月

△美国杂志《外科学年鉴》(*Annals of Surgery*)在线发表了复旦大学附属肿瘤医院胰腺外科主任虞先濬教授领衔的一项研究成果。该研究证实通过超声内镜弹性应变率比值(Strain Ratio, SR)可以区别预测白蛋白结合型紫杉醇联合吉西他滨方案(AG)以及其他含吉西他滨方案的在局部进展期胰腺癌患者中的有效性,为胰腺癌患者的个体化化疗选择提供了新的依据。

9 月

3 日

△《美国化学会志》(*Journal of the American Chemical Society*)副主编、美国加州理工学院教授格雷戈瑞·傅(Gregory C. Fu)到访华东师范大学,作题为“Metal-Catalyzed Cross-Coupling Reactions of Alkyl Electrophiles”的讲座。

4 日

△美国帕罗奥多市长莉兹·尼斯(Liz Kniss)到访上海市青年海归创业基地。这是帕罗奥多市与杨浦区在 3 月结为友好区市关系后,该市市长首次访问杨浦。在感慨上海发展与速度的同时,尼斯市长表示希望未来杨浦区和帕罗奥多市的学生们可以进一步交流和学习。杨浦区商务委副主任孟红雨等嘉宾参加活动。

△上海交通大学密西根学院但亚平课题组在国际知名学术期刊《美国化学学会光子学》(*ACS Photonics*)上发表其研究成果《光电导器件本质上无增益》(A Photoconductor Intrinsically Has No Gain)。该研究发现一个存在了 50 多年的半导体光电导器件增益原理理论从根本上是错误的,有望改写中外半导体物理课本相关章节。

△上海美国商会税务委员会(Tax Committee)在上海商城举办题为“中国个人所得税改革新进展(China Individual Income Tax (IIT) Reform Update)”的主题宣讲会。出席宣讲会的主讲嘉宾为普华永道的主管 Jason Jiang 以及高级经理 Lina Hu。

△上海美国商会在四季酒店举办月度会员简报会。出席简报会的主讲嘉宾为美国驻上海总领事馆总领事谭森(Sean Stein)。

△上海药品集团采购服务网消息显示:九价 HPV 疫苗完成评标和定标工

作。九价 HPV 疫苗的生产厂家为沙默东。中国，是默沙东全球增长战略中至关重要的一环。默沙东中国总部就设在上海漕河泾，在北京设有研发中心，在杭州设有工厂，实现了研发、制造和商业运营“三合一”。

5日

△上海市副市长许昆林在市政府会见来访的美国路易斯安那州副州长比利·南杰瑟(Billy Nungesser)一行。许昆林介绍了上海社会、经济、旅游业等发展情况，并表示上海期待与路易斯安那州进一步发展友好关系。南杰瑟表示希望通过此次访问推进两地之间在贸易、投资和旅游等方面的合作，并希望有机会参加上海旅游节，以进一步展示美国南部特有的风土人情。市外办副主任傅继红会见时在座。

△著名期刊《神经科学杂志》(*The Journal of Neuroscience*)发表了上海交通大学 Bio-X 中心平勇课题组的一项揭示了一种电压门控钾离子通道 Kv4 在睡眠调节中的作用的相关研究成果。研究人员选择果蝇为研究对象。该项研究从行为学实验开始。实验证明，Kv4 对神经元兴奋性的调节过程，影响着 PDF 这一神经肽的分泌，并因此影响着入睡的过程。专家表示，这项研究首次直接证明了 Kv4 在睡眠调节中所起的作用，同时也为“失眠症”的相关研究提供了可能的思路。

△美国华盛顿大学博士后邱肖杰到访华东师范大学，作题为“Inferring Developmental Trajectories and Causal Regulations with Single-cell Measurements”的讲座。

△美国帕罗奥多市长莉兹·尼斯(Liz Kniss)携该市执行长詹姆斯·基恩(James Keene)一行 4 人到访上海理工大学，会见校长丁晓东。在光电信息与计算机工程学院院长庄松林院士陪同下，参观光电学院的光学工程重点实验室及近期重要科研成果，如太赫兹检测技术设备、医疗光学设备和光学显示成像技术等。实验室科研人员向外宾展示了白板加多点触摸屏、胶囊胃镜、太赫兹安检仪、可用于临床使用的裸眼 3D 医疗显示系统等发明成果。

△上海大学量子与分子机构国际中心、材料基因组工程研究院、理学院物理系任伟课题组在拓扑量子材料的研究上取得的重要进展，以“Dirac-Weyl Semimetal: Coexistence of Dirac and Weyl Fermions in Polar Hexagonal ABC Crystals”为题发表于《物理评论快报》(*Physical Review Letters*)。该成果通过

第一原理计算预言了一种极性的拓扑半金属六方晶体，可以实现狄拉克费米子和外尔费米子在同一种物质中的共存。

6 日

△美国伦斯勒理工学院校长翟淑礼(Shirley Ann Jackson)一行到访同济大学。此前，两校在建筑领域已展开合作，此次就进一步推进在人工智能、大数据和生物医学等领域的合作进行深入交谈，并举办以"全球变革者——新兴理工大学面临的全球挑战"为主题的论坛。

△同日，翟淑礼一行访问了上海理工大学，先后参观了该校科技园、能动学院国家实验教学示范中心，并与上海大学校领导及工作人员进行座谈。

△美国科学院院士、加州理工学院格雷戈瑞·傅(Gregory C. Fu)教授到访上海大学化学系，作题为"Nucleophilic Substitution Reactions: A Radical Alternative to SN1 and SN2 Reactions"的学术报告。

6—7 日

△上海证券交易所举办第四期"境外投资者走进上交所上市公司"活动，来自美国、欧洲、中国香港等地近 20 家境外资产管理公司、主权基金及券商的代表参加。活动以交流座谈与实地参观相结合，致力于为境外机构投资者与上市公司搭建有效沟通的桥梁，增进相互了解，同时也有助于推动 A 股上市公司治理水平与国际市场接轨。

7 日

△国际纳米科学与技术领域期刊《纳米通讯》(*Nano Letters*)以"Regain Strain-hardening in High-strength Metals by Nanofiller Incorporation at Grain Boundaries"为题，在线报道了纳米复合晶界韧化高强金属研究领域取得的重要进展。上海交通大学为第一作者单位，论文共同第一作者为上海交通大学博士后李赞和清华大学博士生王昊天。

△上海美国商会在上海商城举办主题为"寻找自我：领袖的情绪能力项目(Search Inside Yourself: Emotional Intelligence Program for Leaders)"的活动。出席活动的主讲嘉宾为复旦大学管理学院副教授 Lorna Doucet。

10日

△2018全球传感器与物联网产业峰会暨中国(上海)国际传感器技术与应用展览会在上海跨国采购会展中心开幕。来自中国科学院、美国矽立科技、德国传感器技术协会的专家与会并作专题报告。该峰会暨展览会是国内规模最大的聚焦传感技术与应用、系统解决方案和物联网应用的专业展会。

△上海美国商会在上海商城举办题为“政府支持项目技术简报：未来数据加密破解(GPS Technology Briefing: The Upcoming Crackdown on Data Encryption)”的简报会。出席简报会的主讲嘉宾为化险集团(Control Risks)的网络安全威胁控制主管詹姆斯·菲茨西蒙斯(James Fitzsimmons)以及副主管卡莉·拉姆齐(Carly Ramsey)。

10日—12日

△著名舞蹈教育家、美国杨百翰大学舞蹈系终身教授黄嘉敏到访上海师范大学,并举办以“创造力与舞蹈”为主题的大师班和以“舞蹈教育的改革与创新”“让创造成为一种习惯”为题的学术讲座,旨在提高学生对舞蹈的认知水平、开发学生的想象力、发展动作技巧、探索创作方法、加强合作能力和在舞蹈中享受创造的乐趣。

11日

△美国斯坦福大学李国鼎工程讲座教授、美国应用数学学会优化分会副主席、美国运筹与管理科学协会会士叶荫宇教授到访上海财经大学,作题为“Power of Data and Algorithms”的讲座。

△埃克森美孚公司的高级科学顾问大卫·丹克沃思(David Dankworth)一行5人到访中国社会科学院上海高等研究院。该院低碳转化科学与工程重点实验室主任孙予罕研究员等接待了来访团队。双方就合成气高效合成化学品与油品、二氧化碳利用及生物质转化等方面进行交流,希望通过共同努力,促进深层次合作。钟良枢研究员、张军副研究员、高鹏副研究员分别作题为“Research Progress on Syngas Conversion”“Research Progress on CO2/CH4 dry Reforming”和“CO/CO2 Hydrogenation for Selective Synthesis of Hydrocarbons”的报告。

△美国国立卫生研究院(NIH)旗下的国立感染与过敏性疾病研究院

(NIAID)副院长休·奥奇克鲁斯(Hugh Auchincloss)一行到访华山医院。华山医院毛颖副院长接待访客,并介绍华山医院开展临床研究的情况。奥奇克鲁斯对 NIAID 的基本概况、组织机构及科研项目资助作了专题报告。与会美方官员对中方研究者如何有效申报 NIH 资助项目进行了指导,与现场师生展开热烈讨论。随访人员包括 NIAID 国际研究事务副主任格雷·汉德利(Gray Handley)、NIAID 驻中国办事处主任 Ping Chen、美国卫生和人类资源部国际事务办公室紧急应急办公室主任拉里·克尔(Larry Kerr)。

△上海美国商会在上海商城举办主题为“人力资源薪酬管理助力提升企业未来洞见(Compensation Management Helps Enhance Insights of Enterprises)”的活动。出席活动的主讲嘉宾为前 SAP 产品总监王天越。

△国际学术期刊《化学评论》(*Chemical Reviews*)刊发了以东华大学为第一单位的综述论文《非对称超级电容器的设计及储能机理》(Design and Mechanisms of Asymmetric Supercapacitors)。该综述论文概述了超级电容器的发展历史,详细介绍了其储能机理以及超级电容器的评价机制,并分门别类地对电容型非对称超级电容器、金属离子电容、混合电容和氧化还原离子电容等进行详细介绍及机理分析。该综述还从探索和开发新的电极材料、拓宽超级电容器的工作电压及能量密度、探索更多种类的低成本的金属离子电容等 8 个方面对超级电容器的研究进行展望,为超级电容器的下一步研究发展指明了方向。

12 日

△美国空气产品公司(Air Products)(中国)投资有限公司副总裁艾米莉·胡(Amelie Hu)一行到访中国社会科学院上海高等研究院,该院低碳转化科学与工程重点实验室主任孙予罕研究员接待来访团队。艾米莉·胡介绍了 AP 公司的全球战略,以及其公司的气化岛项目、在华业务的进展情况。中国科学院低碳转化科学与工程重点实验室的张军博士作题为“Progress of CH4/CO2 dry reforming”的交流报告。双方就报告内容、山西 2018 能博会太原低碳论坛以及与潞安集团共同合作等事宜进一步深入会谈。

△美国国防大学学者约珥·伍斯诺(Joel Wuthnow)到访上海国际问题研究院,就印太战略、“一带一路”倡议等议题与国际战略研究所所长吴莼思、世界经济研究所薛磊博士讨论交流。

△上海美国商会汽车委员会(Automobile Committee)在上海瑞吉红塔大酒

店举办2018上海汽车论坛(Shanghai Automobile Forum)。出席论坛的主讲嘉宾有美国驻上海总领事谭森(Sean Stein)、上海汽车行业咨询公司(Automobility Limited)的创始人和首席执行官比尔·拉索(Bill Russo)等。

△在2018世界人工智能大会召开之前,腾讯宣布在上海加码人工智能投入——将原先设在上海的优图实验室升级为腾讯计算机视觉研发中心,全面参与上海人工智能产业高地建设。腾讯副总裁梁柱透露,该研发中心已与美国科学促进会官方刊物《科学》系列期刊进行战略合作签约,双方将共享在计算机视觉领域的资源和信息。

△中国(上海)新技术发展与应用论坛在同济大学举行,主题为"区块链、人工智能技术与城市治理"。中美科学家与会,共话人工智能与区块链的最新研究、应用和发展趋势,如何赋能新经济,如何改进城市治理。美国科学院院士、图灵奖得主希尔维奥·米卡利(Silvio Micali)作题为"区块链的前景、挑战和实践"的演讲,介绍美国区块链在安全、共识、加密等方面研究的最新进展。上海区块链研究中心主任、同济大学教授马小峰介绍了中国完全自主可控区块链的研究进展。

△华东师范大学校党委常务副书记、副校长任友群在闵行校区会见到访的美国康涅狄格大学国际事务助理副校长荣宇航博士。双方围绕音乐教育及表演、教师教育及培训、师生互派、学生双学位项目以及学生海外实习等领域的合作展开热烈讨论。

12日—14日

△中美企业国际合作活动在紫竹创业中心拉开帷幕,代表美国前沿的生命科学技术和应用方向的8个项目进行路演。这些项目涵盖多个尖端生命科学技术,对高新区生命科学领域企业的发展起到了很好的促进和借鉴作用。上海市就业促进中心创业指导处处长蒙媛在现场介绍了上海市最新的双创扶持政策。

13日

△SODA大赛报名及初赛作品提交截止。大赛参赛团队来自中国、美国、英国、法国等多个国家的知名企业和知名高校共同为SODA大赛注入能量。SODA大赛相关新闻也在主流媒体及上海市经信委等多家微信公众平台被多次报道和提及。"数联长三角,众创新生活",SODA大赛激励社会各界积极参与公

共数据的价值挖掘和创新应用。

△复旦大学物理学系教授封东来团队与南京大学教授闻海虎、北京师范大学教授殷志平等合作，揭示铋氧化物高温超导机理，相关成果以“揭示钡钾铋氧体系高温超导机理(Unveiling the Superconducting Mechanism of Ba0. 51K 0. 49BiO3)”为题发表于《物理评论快报》(*Physical Review Letter*)。美国物理学会《物理学》(*Physics*)在线杂志以“Bismuthates Are Surprisingly Conventional”为题对该项工作作专文介绍。

△上海美国商会在上海商城举办主题为“总经理 4. 0：不会过时的领袖(General Manager 4. 0：The Future-proof Leader)”的活动。出席活动的主讲嘉宾为 Cornerstone International Group worldwide 的总经理 Simon Wan 以及经理培训师 Julie Zhou。

△上海美国商会法律委员会与食品、农业和饮料委员会(Legal Committee and Food，Agri，& Beverage Committee)在上海商城举办主题为“食品饮料行业中的知识产权和规范问题(Intellectual Property and Regulatory Issues in the Food and Beverage Industry)”的活动。出席活动的主讲嘉宾为 Baker & McKenzie 的合伙人 Andrew Sim、Mondelez 的法务 Hedy He、Wine Australia 北亚区域总经理 David Lucas 等人。

13—14 日

△美国国家科学院院士、美国艺术与科学院院士、中国科学院外籍院士、美国化学会旗舰杂志 *JACS* 主编、美国犹他大学彼得·斯唐(Peter J. Stang)教授到访上海大学，作题为“Abiological Self-Assembly：Predesigned Metallacycles and Metallacages via Coordination”的学术报告。

14 日

△美国贝勒医学院分子与细胞生物学系教授蔡明哲(Ming-Jer Tsai)到访华东师范大学，作题为“COUP-TFII Inhibitors in Treatment of Diseases”的讲座。

△美国芝加哥大学布斯商学院(University of Chicago Booth School of Business)行为科学(Behavioral Science)助理教授托马斯·托尔赫姆(Thomas Talhelm)到访上海外国语大学，作题为“文化的大米理论：从小学版到大学版”的讲座。

15 日

△美国科学院院士彼得·斯唐(Peter J. Stang)教授到访华东师范大学,作题为"Abiological Self-Assembly: Predesigned Metallacycles and Metallacages Via Coordination"的讲座。

17 日

△2018 世界人工智能大会全球知名高校校长圆桌会议在上海交通大学举行。来自美国麻省理工学院、新加坡南洋理工大学、香港中文大学、上海交通大学等国内外人工智能领域知名高校校长与会。美国麻省理工学院荣誉校长埃里克·格里姆森(Eric Grimson)表示麻省理工学院会继续在神经科学、认知科学、算法等方面做进一步基础研究,才能发展下一代人工智能技术。

△美国科学院院士、美国政治科学学会前会长、哈佛大学肯尼迪政府学院前院长、哈佛大学肯尼迪政府学院 Peter & Isabel Malkin 讲席教授罗伯特·普特南(Robert D. Putnam)到访上海交通大学,作题为"Our Kids: The American Dream in Crisis"的讲座。

△上海中医药大学校长徐建光接待到访的美国哈佛大学医疗技术探索中心创始人兼主席约翰·卡拉姆卡(John Halamka)一行 5 人。双方探讨了在医疗信息数据采集方面的合作可能,并表示未来要联合建立工作小组,以结合双方优势,推进中医药医疗大数据方面的合作。

△美国加州大学洛杉矶分校生物工程系教授、美国微生物科学院院士、美国物理学会院士、美国医学与生物工程研究院院士杰拉德·王(Gerard C. L. Wong)到访上海海洋大学,作题为"生物被膜群落结构的早期形成机制(Surface Sensing, Microcolony Formation, and Memory in Early Bacterial Biofilm Communities)"的讲座。

△美国工程院院士和中国工程院外籍院士、加州理工学院环境科学系教授米迦勒·霍夫曼(Michael R. Hoffmann)到访同济大学,作题为"The Gates Foundation 'Reinvent the Toilet Grand Challenge': From a Concept to Manufacturing in 5 Years"的讲座。

△美国亚利桑那州立大学计算机科学系教授奇塔·巴拉尔(Chitta Baral)到访华东师范大学,作题为"Combining Reasoning with Machine Learning

Methods for AI Tasks and Applications”的讲座。

△上海美国商会在上海商城举办主题为“商业联盟网络：调动起跨文化的员工(Business Alliance Network：Motivating a Cross-Cultural Workforce)”的活动。出席活动的主讲嘉宾为 Tension Management Consulting 的经理培训师和高级管理合伙人杰姆斯・华纳(James Warner)。

18 日

△2018 世界人工智能大会脑与智能科技主题论坛在上海国际会议中心国际厅举行。美国约翰霍普金斯大学教授艾伦・尤尔(Alan Yuille)，美国计算机科学家、人工智能公司 Skymind、开源框 Deeplearning4j 的联合创始人亚当・吉布森(Adam Gibson)等专家与会作关于“人工智能核心技术发展与政策创新”方面的演讲。

△上海交通大学人工智能研究院承办的“2018 世界人工智能大会-人工智能前沿论坛：智算未来・能赋无界”在校内举行。上海交通大学校长林忠钦、上海市科委主任张全、上海市经信委副主任韦平、上海市徐汇区人民政府副区长陈石燕出席论坛并致辞。2000 年图灵奖得主姚期智，人工智能和信息科学领域国际知名学者陶大程，美国卡耐基梅隆大学人文和社会科学学院院长、人工智能专家理查德・舍伊涅斯(Richard Scheines)，上海交通大学致远讲席教授、欧洲科学院院士徐雷在论坛上分别围绕“New Directions in AI Theory”“AI Beyond Deep Learning：The Case for Causation”“AI Transform the Future”“双向对偶深度智能系统：模式认知、问题求解、和因果发现”等专题作报告。

△上海美国商会在上海商城举办主题为“政府支持项目制造业简报：中国 2025 年时的美国企业将如何减少风险和提升机遇(GPS Manufacturing Briefing：Risk Minimization and Opportunities for US Firms Under Made in China 2025)”的活动。出席活动的主讲嘉宾为 GCiS China Strategic Research 的联合创始人查尔斯・奥利弗(Charles Oliver)、Honeywell(中国)的高级主管伊莲・陈(Elaine Chen)等。

△上海交通大学医学院附属第九人民医院举行“美国心脏协会(AHA，American Heart Association)心血管急救培训中心”成立揭牌仪式。该院副院长刘艳，美国心脏协会中国区国康国际培训中心王革新教授，美国心脏协会主任导师蒋婕教授，上海市红十字会赈济救护部部长王子美、张爱萍和医院部分

AHA基础生命支持(BLS)导师参加授牌仪式。

△复旦大学基础医学院黄志力课题组与日本北海道大学本间Sato、榎木亮介团队有关次昼夜生物节律发生机制的研究成果以“下丘脑室旁核和室旁下核钙信号的次昼夜生物节律(Ultradian Calcium Rhythms in the Paraventricular Nucleus and Subparaventricular Zone in the Hypothalamus)”为题，在线发表于《美国科学院院刊》(*Proceedings of the National Academy of Sciences of the United States of America*)。该研究成果对理解动物睡眠周期、体温调节和激素分泌等行为或功能的次昼夜节律具有重要启示，可能为开发生物节律异常和睡眠障碍的新疗法提供新思路。

△美国加利福尼亚大学洛杉矶分校杰拉德·王(Gerard C. L. Wong)教授到访华东理工大学，作题为“Innate Immunity, Autoimmunity, and Antimicrobial Peptides Meet Machine Learning”的学术报告。

△美国康奈尔大学食品科学系刘瑞海教授到访华东理工大学，作题为“Antioxidant Methology: Recent Advances and Future Prospect”的讲座。

19日

△上海美国商会在上海商城举办题为“通过交流去影响：如何又快又简单地实现(Communicate to Influence: How to Do It Quickly, Easily, and Instantly!)”的会员培训活动。出席培训活动的主讲嘉宾为资深培训师杰夫·谭(Jeff Tan)。

△上海美国商会市场和媒体委员会(Marketing & Media Committee)在上海商城举办主题为“从顾客到用户：变更一个词汇将如何转变你的企业(From Customer to User: How Changing One Word Will Transform Your Business)”的活动。出席活动的主讲嘉宾为Radical User Centricity的创始人雅各伯·约翰森(Jacob Johansen)。

△上海美国商会在上海商城举办主题为“是什么将我在中国的边际收益吞噬了？(What's Eating Away at My Profit Margins in China?)”的讲座。出席讲座的主讲嘉宾为上海漕河泾高科技园区商业发展主管Elizabeth Gao和Woodburn Accountants & Advisors的商业咨询主管克里斯蒂娜·科勒·科鲁西亚(Kristina Koehler-Coluccia)。

△上海实业(集团)有限公司总裁周军在集团历史陈列馆会见美国美林银行

(Merrill Lynch)全球投资银行总裁迭戈·德·乔吉(Diego De Giorgi)一行。周军对美林银行和上实集团、上海医药开展的良好合作表示赞赏,希望双方进一步开展深入合作。乔吉感谢上实集团的充分信任和良好合作,希望有机会扩大与上实集团及旗下企业各领域的合作,为上实集团国际化发展提供专业支持。上实集团助理总裁周雄、集团本部和上海医药相关负责人参加会见。

20 日

△上海美国商会市场和媒体委员会(Marketing & Media Committee)在上海商城举办主题为"在你企业中运用微信的秘技(The Secrets of WeChat for Your Business)"的活动。出席活动的主讲嘉宾为 RFI Studios 中国区负责人 Alan Ma。

△FDA 国家毒理学研究中心生物信息学与生物统计与高级生物医学研究分会(Division of Bioinformatics and Biostatistics and Senior Biomedical Research Service at FDA's National Center for Toxicological Research)主任魏达·童(Weida Tong)到访华东师范大学,作题为"The FDA Experience with Emerging Genomics Technologies and Biomarker Development"的讲座。

21 日

△美国芝加哥罗斯大学医学中心骨科系分子医学部终身教授陈棣主任到上海交通大学医学院附属第九人民医院眼科作专题讲座。眼科学科带头人范先群教授主持会议,眼科各研究组长及全体研究生参加会议。

△上海师范大学人文与传播学院一行 4 人赴美国乔治亚大学,签署关于联合培养、合作科研等协议,包括新闻传播相关专业"3 + 1 + 1"联合培养协议以及女子文化学院与乔治亚大学考克斯国际中心合作研究协议。

23 日

△美国加州理工学院教授巴里·巴里什(Barry Barish)在上海科学会堂作题为"爱因斯坦、黑洞与引力波"的学术报告,并接受了《文汇报》记者的独家专访。在 LIGO 探测到引力波后,中国的引力波探测计划也提上了日程,包括天琴计划、阿里实验计划和太极计划。巴里什提醒中国科学家,引力波"望远镜"带来的发现不可能一蹴而就,需摒弃功利心,把发现真正的自然规律作为科学研究

"初心"。

24日

△东华大学发展联络处处长、校友会秘书长瞿斌，国际合作处处长赵明炜，机械工程学院副院长唐智和旭日工商管理学院 MBA 主任刘长奎等一行，在美国硅谷重要城镇森尼韦尔与旧金山湾区部分校友开展座谈交流。

25日

△美国科学院院士、美国艺术与科学院院士、美国科学促进会院士、美国物理学会会士巴里·巴里什(Barry Barish)到访上海交通大学，作题为"引力波：探测器，探测与新科学"的讲座。

26日

△中美合作办学 BC 项目 2018 届学生毕业典礼在上海第二工业大学举行。美国布劳沃德学院校长大卫·阿玛斯特朗(David Armastrong)、上海第二工业大学校长俞涛致辞。上海第二工业大学副校长莫亮金、美国布劳沃德学院全球教育与商务中心区域总监罗塞·杨·克里瓦克(Rosey Yang-Krivak)等出席典礼。

△中国商飞公司副总经理郭博智会见到访的美国 UTAS 航空结构项目副总裁汤姆·唐纳利(Tom Donnelly)一行。

△美国代顿(Dayton)当代舞团到访上海师范大学，并举办以"运用肢体、表达感情和外在世界"为主题的工作坊。美国驻上海总领事馆新闻文化领事欧忆菲亲临现场观看。该舞团艺术总监戴比和 16 位演员带来了爵士和非洲舞蹈影响下的当代舞技术。欧忆菲表示，这种民间的人文交流有助于双方两国人民更好地了解对方，促进双方进一步的对话和友谊。

△上海美国商会在上海商城举办主题为"管理不确定因素：来自 Brunswick Global 首席执行官 Neal Wolin 的讲座(Managing Uncertainties: A Talk by Brunswick Global CEO Neal Wolin)"的活动。出席活动的主讲嘉宾为 Brunswick Global 的首席执行官尼尔·沃琳(Neal Wolin)。

△上海美国商会在上海商城举办主题为"水如何影响商业(How Water is Impacting Business)"的活动。出席活动的主讲嘉宾有 Collective Responsibility

的创始人 Richard Brubaker、Life Solutions 的联合创始人、经营主管乔恩·牛顿(Jon Newton)等人。

△上海美国商会在上海商城举办题为“国际商务作家：电子邮件(International Business Writer：Emails)”的会员培训活动。出席培训活动的主讲嘉宾为资深培训师特洛伊·安德鲁斯(Troy Andrews)。

27 日

△以“大学质量文化”为主题的上海第二工业大学 2018 年全球合作伙伴周开幕。上海市教委国际交流处领导刘江园和来自全球多所高校(企业)的校长、专家、代表应邀出席。论坛上，上海第二工业大学校长俞涛与来自美国、英国等国家和地区的校长、教授、专家围绕“大学质量文化”，分别发表主题演讲，分享了各自在大学质量文化建设方面的理念、经验和特色举措。

28 日

△成立于上海的互联网公司触宝科技以及“AI + 教育”公司英语流利说两家公司分别在美国纽约证券交易所正式挂牌上市。这是两家在中国成长、在海外市场耕耘的公司。上市后，触宝创始人表示公司将进一步加强大数据和 AI 技术的建设，加速自身业务在全球市场的发展。英语流利说创始人表示将打造一家立足中国、服务全球的世界领先的教育科技公司。

△国际学术期刊《科学》(*Science*)以“Structural Insight into Precursor TRNA Processing by Yeast Ribonuclease P”为题，在线发表了上海交通大学附属第九人民医院精准医学研究院雷鸣团队的最新研究成果，该研究揭示了真核生物中 tRNA 前体 5’ 端的加工成熟机制。

△美国 FDA 高级研究员 Hong Fang 到访华东师范大学，作题为“Application of FDALabel Database to Advance Disease Study and drug development”的讲座。

△由芝加哥艺术博物馆、泰拉美国艺术基金会和上海博物馆联合举办的“走向现代主义：美国艺术八十载(1865—1945)”展览在上海博物馆开展。展品选自芝加哥艺术博物馆以及泰拉美国艺术基金会的重要收藏，集中展示了 80 件美国艺术大师的经典绘画和纸本作品，其中爱德华·霍普(Edward Hopper)的《夜游者》是首次在亚洲展出。

29日

△上海交通大学医学院附属第九人民医院常务副院长冯希平、副院长郑家伟接待到访的美国波士顿大学亨利·戈德曼(Henry M. Goldman)牙医学院师生一行。在沪期间,波士顿师生参观了牙体牙髓、口修、口外、预防等临床科室,并就九院临床特色病例及口腔修复领域新型材料的进展进行学术探讨。中美双方学生在互相取模的操作中不仅切磋了临床技能,也收获了友谊。

30日

△美国北卡罗莱纳大学教堂山分校地理学教授史蒂芬·沃尔什(Stephen J. Walsh)到访华东师范大学,作题为"Linking Social, Terrestrial, and Marine Subsystems in Islands Ecosystems-the Case of the Galapagos Islands of Ecuador"的讲座。

△2006年美国宇航局青年基金获奖者(New Investigator's Program Award)、2005—2006哈佛大学查尔斯布拉德学者奖获奖者(Bullard Fellow)、美国北卡罗来纳大学教堂山分校地理系宋从和教授到访华东师范大学,作题为"The Socioeconomic Effects of China's Forest Restoration and Conservation Programs"的讲座。

△美国马萨诸塞州立大学陈健行教授到访华东理工大学,作题为"乳头瘤病毒与宫颈癌:预防、机制与治疗"的讲座。

本月

△美国《肿瘤外科学年鉴》(*Annals of surgical oncology*)在线发表了复旦大学附属肿瘤医院乳腺癌多学科团队的研究成果。该团队发现,术中印片细胞学检测技术不仅可以成功应用于早期乳腺癌前哨淋巴结活检的评估,对乳腺癌经全身治疗后腋窝淋巴结转移是否消失的判断也十分准确,可以为中期乳腺癌患者豁免更大腋窝手术创伤提供支持。

△上海交通大学(SJTU)物理与天文学院研究团队和美国内布拉斯加林肯大学(UNL)研究团队合作,首次在相对论等离子体波-波碰撞注入及尾波结构探测方面取得了新的进展。研究成果发表于《物理评论快报》(*Physical Review Letters*)。该研究不仅为尾波加速提供了一种新的电子注入机制,为尾波探测提

供了新的方法,也为相对论非线性波间的相互作用研究提供了新的平台,有望应用于实验室天体物理、聚变物理等高能量密度物理研究中。

△上海交通大学医学院附属第九人民医院临床医学院学生蔡雨宸、吴钰和蔡韧前往美国参加为期 10 周由哈佛大学、麻省理工学院联合举办的第九期国际学生生物医学培训班(Biomedical Optics)。

10 月

1 日

△媒体公布 2018 年上海市“白玉兰奖”获奖名单。5 位美籍人士荣获“白玉兰荣誉奖”，他们是再鼎医药（上海）有限公司董事长兼首席执行官杜莹（Ying Du）、浦发硅谷银行行长蒋德（Dave Andrew Jones）、上海亿贝网络信息服务有限公司首席执行官林奕彰（John Lin）、瓦克化学大中华区总裁林博（Paul Lindblad）、玫琳凯（中国）有限公司总裁麦予甫（Paul Mak）。8 位美籍人士荣获“白玉兰纪念奖”，他们是中国商飞上海飞机制造有限公司 ARJ21 事业部生产管理特聘专家巴里 · 加尔 · 凯西（Barry Gail Cathey）、美国匹兹堡大学医学中心脑疾病研究所所长陈俊（Jun Chen）、上海宋庆龄学校国际部小学副校长陈马克（Mark David Ecklesdafer）、华特迪士尼公司北亚董事总经理姜�可（Ru Ka LukeKang）、英域成语言培训（上海）有限公司总经理兼首席代表林欣欣（Melissa Yin-Yin Lam）、AMD 有限公司全球副总裁李新荣（Sing-Long Lee）、CDP 集团董事长兼首席执行官王炜（Wei Wang）、德尔福亚太区总裁杨晓明（Simon Xiaoming Yang）。

2 日

△同济大学物理科学与工程学院声子学与热能科学中心关于弹性波自旋的研究成果以“Intrinsic Spin of Elastic Waves”为题发表于《美国科学院院报》（*PNAS*）。该研究弥补了弹性波自旋研究的空白，为未来的器件设计提供新的思路。

5 日

△2018 美国男子职业篮球赛（NBA）中国赛上海站在梅赛德斯奔驰文化中

心落幕。这是美国76人和独行侠两队第一次参加NBA中国赛。NBA主席亚当·萧华(Adam Silver)表示,每支球队对不同市场都有不同的喜好,中国市场是大部分球队都看好的。

5—9日

△华东师范大学党委书记童世骏率团赴美访问华盛顿伍德罗威尔逊国际学者中心、斯坦福大学、加州大学伯克利分校、硅谷企业蔚来汽车公司、苹果公司等美国院校及机构,并出席华东师范大学首届全球校友峰会。

8日

△美国伊利诺伊大学香槟分校计算机科学系教授格里高尔·罗素(Grigore Rosu)到访华东师范大学,作题为"Formal Design, Implementation and Verification of Blockchain Languages"的讲座。

△美国伊利诺伊大学教授阿列克谢·阿肯提夫(Aleksei Aksimentiev)到访华东理工大学,作题为"Surprising Physics of Nanopore Transport"的讲座。

9日

△上海市委书记李强会见美国苹果公司首席执行官蒂姆·库克(Tim Cook)。李强表示,上海将按照中央要求,坚定不移扩大对外开放,全力打造国际一流的营商环境,为中外企业在沪发展提供更好服务;愿与苹果公司等国际知名高科技企业进一步分享创新经验,深化全方位合作,为上海发展注入更多新活力、新元素。库克表示苹果公司将继续加大在沪投资,扩大合作领域,为上海经济社会发展做出积极贡献。

△上海美国商会在四季酒店举行十月会员月度简报会(AmCham Shanghai October Monthly Member Briefing)。简报会主讲嘉宾为上海美国商会主席季瑞达(Kenneth Jarrett)。

△美国哈佛大学医学院、公共卫生学院Edward H. Kass讲席教授、美国微生物学会会士、霍华德·休斯医学研究所研究员马修·沃德(Matthew Waldor)到访华东理工大学,作题为"新型霍乱疫苗的设计与开发(Creating a New Type of Cholera Vaccine)"的报告,阐述其团队利用霍乱弧菌的基础研究,设计出一种高效HaitiV疫苗株应对海地霍乱的过程。

△美国伊利诺伊大学香槟分校法学院米尔德里德·范·沃勒斯·琼斯冠名教授查尔斯·塔布(Charles J. Tabb)到访华东政法大学,作题为“重整计划的制定、表决与通过(The Filing, Voting and Acceptance of Chapter 11 Plan)”的讲座。

△美国期刊《细胞报道》(*Cell Reports*)以“高脂饮食诱发的肠道蛋白赖氨酸同型半胱氨酸化修饰抑制DNA损伤修复(Colonic Lysine Homocysteinylation Induced by High-Fat Diet Suppresses DNA Damage Repair)”为题,发表了复旦大学生命科学学院研究员赵健元团队和复旦大学附属妇产科医院教授赵世民团队关于高脂饮食的致癌机制的研究成果。该研究表明高脂饮食的致癌风险可以通过一定的方式降低,为营养失调诱发肿瘤的预防和治疗新策略提供了指导。

10日

△上海海洋大学与美国加州大学圣地亚哥分校签署合作协议,开展访问生以及海外师资培训、科学研究等合作项目。

△美国马里兰大学行为与社会科学学院地理经济学教授孙来祥到访上海应用技术大学,作题为“Changes in Global Trade Patterns Contradict Global Mitigation Efforts”的学术报告。

△上海美国商会在上海商城举办主题为“工业技术的未来:智慧制造的生产力影响(The Future of Industrial Technology: Workforce Implications of Smart Manufacturing)”的活动。出席活动的主讲嘉宾为罗克韦尔自动化公司(Rockwell Automation)战略发展高级技术主管大卫·瓦斯科(David A. Vasko)。

上旬

△由中国科学院上海光学精密机械研究所四代科研人员研制的激光反射薄膜,在美国劳伦斯·利弗莫尔国家实验室举办的“2018基频激光反射薄膜元件激光损伤阈值国际竞赛”中,以高出第二名20%的性能优势,荣获第一名。这一成果为中国在高功率激光装置、超强超短激光等领域走到世界前沿突破了一项“卡脖子”的技术。

10—12日

△“2018上海年鉴国际学术论坛”在上海市黄浦区举行。上海市人大常委会副主任沙海林,黄浦区委副书记、代理区长巢克俭出席开幕式并致辞。美国犹

他州众议院议员、副议长艾瑞克·哈钦斯,亚利桑那州政府法律顾问安德鲁·詹姆斯·麦奎尔等参加活动。近十位来自美国、法国、澳大利亚和国内地方志系统的年鉴专家以及法律界专家出席并作学术演讲。该论坛通过多种形式探讨年鉴的时代意义和使命责任,进一步推动国内外年鉴工作交流与合作。

12 日

△美国宾夕法尼亚大学哲学系教授、系主任迈克尔·韦斯伯格(Michael Weisberg)到访华东师范大学,作题为“拯救海狮—加拉帕戈斯群岛上的社群科学”的讲座。

△美国驻上海总领事馆政治领事戴杰森到访上海国际问题研究院,与国际战略研究所所长吴莼思、薛晨博士及海洋和极地研究中心助理研究员杨立进行交流。

△美国哈德逊研究所高级研究员理查德·怀兹(Richard Weitz)到访上海国际问题研究院,与国际战略研究所所长吴莼思、国际合作与对外交流处秦清进行了交流。

13 日

△由电影《罗马假日》改编的同名音乐剧的主创团队和全体演员到访上海,在虹桥艺术中心举行剧本朗读会。该剧由美国百老汇和伦敦西区的主创团队进行制作。制作人麦克·波斯纳表示百老汇和伦敦西区都十分看好中国的音乐剧市场,剧本朗读会可以将西方音乐剧制作模式分享给中国同行,和中国的音乐剧市场一起成长。

14 日

△美国哥伦比亚大学法学院终身教授、中国法律研究中心主任李本(Robert L. Lieff)到访华东政法大学,作题为“中国法院判决的大数据化:如何把文本作为数据”的讲座。

15 日

△美国博林格林州立大学副教授、美国 EPA 科学委员会顾问蒂莫西·戴维

斯(Timothy Davis)到访华东师范大学,作题为“Learning from the Past: Improving and Maintaining Water Quality Requires Science, Policy and Endurance”的讲座。

当地时间10月15日

△“中国经济发展与中美关系”论坛在美国哈佛大学举行。该论坛由上海市政府新闻办公室联合复旦大学中国研究院主办,得到哈佛大学肯尼迪学院的支持。哈佛大学肯尼迪学院前院长约瑟夫·奈(Joseph Nye)、复旦大学中国研究院院长张维为、著名中国问题专家罗伯特·库恩(Robert Kuhn)、哈佛大学教授欧威廉(William Overholt)分别在论坛上发表主旨演讲。其间,中美两国著名学者、媒体代表聚焦主题深入研讨中美合作发展前景。

15—17日

△美国康涅狄格大学教授桑德拉·沙姆韦(Sandra Shumway)到访上海海洋大学,先后作题为“Aquaculture and Biodiversity: Friends of Foes”“So, You Want to Publish a Paper”“Mitigating Coastal Eutrophication: Are Filter-Feeding Shellfish the Answer”“Molluscs in the New Millenium”“Biofouling Control in Aquaculture, Current State and Future Directions”的系列讲座。

16日

△上海美国商会市场与媒体委员会(Marketing & Media Committee)在上海商城举办主题为“中国的新零售业:消费者图景的电子化(New Retail in China: Digitalization of the Consumer Landscape)”的活动。出席活动的主讲嘉宾为经济学人咨询社(Economist Intelligence Unit)亚洲区咨询主管亚历山大·范·科门内德(Alexander van Kemenade)。

△上海美国商会在上海商城举办主题为“制药业的工作场所健康(Workplace Health in the Pharmaceutical Industry)”的活动。出席活动的主讲嘉宾有拜耳制药(中国)公司董事长塞莉纳·周(Celina Chew)等人。

△宾夕法尼亚大学近东语言与文明系外语高级讲师、现代希伯来语项目主任、犹太研究本科生主任罗恩·格尔(Ronit Engel)到访上海外国语大学,作题为“Majority Language and Minority Identity in Contemporary American Jewish and Palestinian Israeli Literature”的讲座。

17 日

△美国特斯拉(上海)有限公司与上海市规划和国土资源管理局签订土地出让合同。特斯拉摘得上海临港装备产业区 Q01—05 地块 864885 平方米(合计 1297.32 亩)工业用地。这标志着特斯拉上海超级工厂在临港地区实质落地。

△2013 年诺贝尔化学奖得主、斯坦福大学结构生物学教授迈克尔·莱维特(Michael Levitt)到访复旦大学。在“诺奖本科讲坛”中,莱维特不仅讲述了生物大分子结构探测的历史,还讲述了自己在实验化学家的工作基础上,结合前辈理论化学家的思想,设计计算机程序让分子的静态结构动起来,以模拟生物大分子工作机理的过程,极大地促进人类对生命活动过程的理解。

△复旦大学生命科学学院、遗传工程国家重点实验室教授麻锦彪课题组与南京医科大学生殖医学国家重点实验室教授苏友强课题组合作的有关在雌性减数分裂阻滞蛋白 MARF1 的结构和功能研究的相关成果,以“MARF1 蛋白的核糖核酸酶活性控制小鼠卵母细胞 RNA 稳态和基因组完整性(The Ribonuclease Activity of MARF1 Controls Oocyte RNA Homeostasis and Genome Integrity in Mice)”为题在线发表于《美国科学院院报》。该研究阐明作为核糖核酸酶的 MARF1 是控制卵母细胞减数分裂和基因组完整性的 RNA 降解过程中的卵母细胞特异性执行者,为未来女性不育的诊断和治疗提供了基础。

△杜克大学社会学教授加里·格里菲(Gary Gereffi)到访华东师范大学,作题为“全球价值链、国际发展和对华政策启示”的讲座。

△美国 IBM Thomas J. Watson Research Center 研究员朱利安·杜比(Julian Dolby)到访华东师范大学,作题为“IDE Support for Machine Learning Programming”的讲座。

18 日

△美国工程院院士、哥伦比亚大学生物医学工程系教授 Kam W Leong 到访上海交通大学,作题为“生物材料转化医学研究”的讲座。

17—18 日

△美国尼亚加拉大学国际关系副校长凯文·科里亚(Kevin Creagh)、工商

管理学院院长马克·弗拉斯加托(Mark Frascatore)、MBA 项目主管布莱恩·塞姆斯基(Bryan Semski)、李天宝教授及中国办公室主任苏崎英到访华东政法大学。其间,弗拉斯卡特作题为“博弈论入门”的专题讲座。美方一行与华东政法大学副校长陈晶莹、教务处处长王月明、商学院院长高汉、国际交流处副处长马乐等会谈,并签署 2019 年冬季教师领导力培训项目、教学方法培训项目协议。

17—22 日

△ITI/UNESCO 国际表演艺术高等院校联盟活动在上海召开。10 月 17—19 日为专题研讨会,在上海戏剧学院佛西楼举行。其间,上海戏剧学院负责人和来自美国、荷兰、德国等表演领域的教授和教学评估方面的专家共同探索,以求找到一种适合全世界表演艺术高校评估的方式和标准。10 月 20 日,ITI/UNESCO 国际表演艺术高等院校联盟代表大会第二次扩大会议在上海宾馆召开。该活动由上海戏剧学院和国际剧协合作举办,并得到中国上海国际艺术节支持。

18 日

△美国德克萨斯州农工大学(Texas A&M University)机械工程系杰出教授雷迪(Reddy)到访上海交通大学,作题为“成功的大学教师兼研究者的特质”的讲座。

△上海美国商会健康委员会(Healthcare Committee)在四季酒店举办题为“新兴市场机遇处方(The Prescription for New Market Opportunities)”的健康论坛。出席论坛的发言嘉宾有上海美国商会主席季瑞达(Kenneth Jarrett)、上海健康发展研究中心主任 Chunlin Jin 等人。

△美国普林斯顿大学(Princeton University)博士后研究助理马修·罗瑞尔(Mathieu Lauri è re)到访华东师范大学,作题为“Optimal Control of Conditioned Processes (with Feedback Controls)”的讲座。

18—20 日

△美国纽约城市芭蕾舞团(New York City Ballet)首次造访中国内地,并在上海大剧院连演 5 场。“美国芭蕾之父”乔治·巴兰钦的多部代表作——《小夜曲》《斯特拉文斯基小提琴协奏曲》与独幕《天鹅湖》陆续上演。纽约城市芭蕾舞团派出了近 100 人的演出阵容,19 位首席来了 11 位。5 场演出,每一场都有首

席参与。

19 日

△原美国纽约城市大学英语系教授、现北京大学英语系客座教授唐纳德·斯通(Donald Stone)到访上海外国语大学,作题为"Learning From The Victorians"的讲座。

△上海美国商会财政服务委员会(Financial Services Committee)在上海商城举办主题为"中国信用风险概览(China Credit Risk Overview)"的活动。出席活动的主讲嘉宾为标普全球评级财政制度评级组(Financial Institutions Ratings Group of S&P Global Ratings)的经营主管和分析经理赖恩(Ryan Tsang)和中国区主管李长(Chang Li)。

△上海美国商会在上海商城举办题为"寻找自我:面向领袖的情商项目(Search Inside Yourself: Emotional Intelligence Program for Leaders)"的信息交流活动。出席活动的主讲嘉宾为复旦大学管理学院副教授杜洛娜(Lorna Doucet)。

20 日

△美国巴克内尔大学(Bucknell University)朱志群到访上海大学,作题为"博雅教育:培养未来的领导者"的讲座。

21 日

△美国洛杉矶加州大学陶红印博士应邀到访上海财经大学,作题为"语体研究前沿问题探讨"的学术报告。

22 日

△德克萨斯 A&M 大学生物医学工程、电气和计算机工程以及物理和天文学系教授拉迪斯拉夫·雅科夫列夫(ladislav V. Yakovlev)到访华东师范大学,作题为"Seeing Life in a new Light"的讲座。

△美国经济学家、哈佛大学商学院金融学教授、麻省理工学院斯隆管理学院特聘金融教授、诺贝尔经济学奖获得者罗伯特·莫顿受聘为上海大学兼职教授,聘任仪式暨主题演讲活动在上海大学隆重举行。莫顿作题为"刍议数字化革

命——金融创新与金融科技”的讲座,分享其最新的研究成果和金融理念。

△VSS青年科学家评审委员会委员、美国国家科学院 NeuroForum 成员、Wellcome Trust 神经科学与心理健康项目主管安德鲁·威尔士曼(Andrew E Welchman)到访华东师范大学,作题为“On Sensing Where's Not There”的讲座。

△美国北德克萨斯大学副校长兼教务长珍妮佛·考利(Jennifer Cowley)、副教务长兼国际事务院长吴佩雅(Pia Wood)、理学院院长高速、工程学院院长黄艳等一行到访东华大学,与东华大学副校长卿凤翎会谈。双方回顾两校既有合作,并希望进一步拓展在其他优势领域的合作,充分发挥两校专业优势,促进双方学术交流与学科建设。珍妮佛·考利表示愿意提供相应的平台和资源,推进两校共同发展。

△上海美国商会在上海商城举办主题为“绿色制造的必要(The Need for Green Manufacturing)”的活动。出席活动的主讲嘉宾有英特飞公司北亚区营销主管 Sunny Wang 等人。

△上海美国商会制造商商业理事会(Manufacturers' Business Council)在位于漕河泾的古美路1528号举办题为“工业4.0商业过程和商业模型革新(Industry 4.0 Business Process and Business Model Innovation)”的研讨会。出席研讨会的主讲嘉宾有毕马威(KPMG LLP)、全球产业制造咨询主管道格·盖茨(Doug Gates)等人。

23日

△国际著名莎学家和书籍史专家、耶鲁大学英文系特聘教授大卫·卡斯顿受聘为东华大学外语学院客座教授及莎士比亚研究所顾问,并为外语学院师生作题为“莎士比亚与国际大都会的局限:谈莎士比亚的两部威尼斯戏剧”的讲座。

△Promontory集团大中华区总裁、美国财政部前副部长弗兰克·纽曼(Frank Newman)先生一行访问复旦大学美国研究中心。纽曼面向与会学者发表题为“日益成熟的中国经济”的演讲,并与中方学者就中美经贸问题和中美关系进行了交流。复旦大学国际问题研究院院长、美国研究中心主任吴心伯教授主持该活动。

△美国德州大学西南医学中心教授万谊虹到访华东师范大学,作题为

"Novel Regulation of Bone Metabolism"的讲座。

24 日

△美国的沙龙乐团红粉马天尼在上海东方艺术中心举办"2018 上海演唱会"。演出曲目包括《我的爱人》《安娜》《波丽露》等。

△中国商飞公司董事长贺东风会见到访的美国联合技术公司旗下业务单元联合技术航空系统(UTAS)总裁大卫·吉特林(David Gitlin)一行。

△上海美国商会市场与媒体委员会(Marketing & Media Committee)在上海商城举办主题为"营销展示:如何与中国逐渐形成的富裕阶层联系起来(Marketing Showcase-How to Connect with China's Emerging Affluent Class)"的活动。出席活动的主讲嘉宾为智威汤逊(Walter Thompson)亚太区的前任首席执行官唐锐涛(Tom Doctoroff)。

△美国加州大学伯克利分校荣休教授、美国艺术与科学院院士、中央研究院院士、美国国家科学院院士、中国科学院外籍院士沈元壤到访华东师范大学,作题为"Advances in Laser Spectroscopy for Materials Science"的讲座。

△美国威斯康星大学麦迪逊分校统计学教授、统计系系主任、国际数理统计学会成员、美国统计学会会士王亚珍教授到访华东师范大学,作题为"Analysis of Stochastic Gradient Descent"的讲座。

25 日

△加州大学伯克利分校 Elizabeth and Edward Conner 教授、美国科学促进协会和美国教育研究协会的会士、教育荣誉学会 Kappa DeltaPi 的最高荣誉会员艾伦·舍恩费尔德(Alan H. Schoenfeld)到访华东师范大学,作题为"Problematizing a Research and Development Agenda"的讲座。

△美国东卡罗纳大学助理副校长兼全球事务执行主席、经济学教授乔恩·保罗·雷塞克(Jon Paul Rezek)和生物学院朱勇教授到访上海海洋大学。双方在交换生、国际暑期学校、中美学分、TESOL 证书、海外师资培训等方面开展讨论,探究合作领域和项目形式。助理副校长表示期待两校在国际化发展进程中不断增进了解,进一步加强合作。

△美国华盛顿大学法学院罗伟教授到访华东政法大学,作题为"美国法律人工智能与大数据运用"的学术讲座。

△美国马萨诸塞州洛厄尔大学(UMASS-Lowell)刑事司法学院教授阿里·佩里格(Arie Perliger)到访华东政法大学,作题为"美国大学的国家安全学专业及世界其他国家的相关专业介绍"的讲座。

△美国化学会《药物化学杂志》(*Journal of Medicinal Chemistry*)总编辑洛林·克拉克(Lorraine Clark)博士访问上海药物研究所。药物所副所长叶阳、所长助理张翱及药物化学相关课题组长、研究员等接待克拉克并向其介绍了药物所的历史沿革、研究领域布局、新药研发平台建设、重大科研进展、国际合作等情况。克拉克则从ACS期刊总体情况介绍、生物化学领域相关期刊和ACS在线资源三方面做了相关介绍,并着重介绍*Journal of Medicinal Chemistry*, *ACS Medicinal Chemistry Letters*, *ACS Infectious Disease*和*ACS Pharmacology & Translational Science*4个期刊的成立时间、主编、投稿类型以及阅读量最多的论文等情况,同时与药物所科研人员就研究论文发表相关问题进行了交流。

△上海美国商会在上海商城举办题为"Excel数据管理:高阶(Excel Data Management-Advanced)"的会员培训活动。出席培训活动的主讲嘉宾为微软国际认证专家白永乾。

△上海美国商会在中海国际中心举行"未来领袖奖(Future Leaders Awards)"获奖者见面会。出席见面会的主讲嘉宾有神韵国际精神(Verve International & Spirit)创始人乔丹·坎贝尔(Jordan Campbell)、Generate Ltd创始人孙亮(Liang Sun)等人。

△由上海绿谷制药有限公司参与研发的国产新药"甘露寡糖二酸(GV-971)"在第十一届阿尔茨海默病临床试验会议上首次被介绍,该药能够显著改善阿尔茨海默病患者的认知功能障碍,引发国际关注。美国克利夫兰诊所教授杰弗里·卡明斯评价该药为阿尔茨海默病治疗提供了全新方案。上海绿谷制药有限公司已于10月16日在中国递交新药上市申请,并计划在未来进行全球临床试验。

△主题为"打造全球研发核'芯',引领智能未来科技"的2018英特尔亚太研发有限公司技术开放日在上海举行。上海交通大学副校长、中国科学院院士毛军发,英特尔亚太研发有限公司总经理卢炬,英特尔副总裁兼物联网事业部中国区总经理陈伟博士等出席并发表主题技术演讲,对未来科研发展的难题和挑战以及最新的计算技术趋势进行前瞻分享和思辨。其间,上海交通大学与英特尔

亚太研发分别分享了其在人工智能、边缘计算、物联网等领域的领先技术、产品和解决方案的研发成果。同时,双方还宣布正式建立战略合作伙伴关系,上海交大电子信息与电气工程学院与英特尔亚太研发签署合作备忘录。借此,双方将在人工智能、数据中心等领域共同推动合作研究、教学共建、人才培养和生态系统构建等各项工作。

26 日

△堪萨斯大学传播系教授 Yan Bing Zhang 到访上海外国语大学,作题为"Theory and Research Method: Workshop I: Survey Design"的讲座。

△密歇根州立大学教授、现代微生物生态学的开创者之一詹姆斯·提杰(James Tiedje)到访华东师范大学,作题为"Metagenomics Intrigue: the Genetic Foundation of Microbiomes"的讲座。

△美国奥克兰大学物理系和生物医学研究中心教授夏阳博士到访华东师范大学,作题为"Microscopic MRI (MRI) and its Applications in Physics, Engineering, and Biomedicine"的讲座。

27 日

△上海市市长应勇分别会见上海市市长国际企业家咨询会议主席、安永会计师事务所全球主席兼首席执行官马克·温伯格,咨询会议前主席苏铭天,咨询会议前主席、银瑞达公司董事会主席雅各布·沃伦伯格,通用汽车董事长兼首席执行官玛丽·博拉,诺华集团董事会主席林浩德,ABB 集团总裁兼首席执行官史毕福,瑞士再保险集团董事长康浩志,蒂森克虏伯集团首席执行官吉多·克尔克霍夫,对各位企业家来沪参加第三十次上海市市长国际企业家咨询会议表示热烈欢迎。

28 日

△第三十次上海市市长国际企业家咨询会议在沪举行。美国通用汽车公司董事长兼首席执行官玛丽·博拉(Mary Barra)、美国国际集团总裁暨首席执行官布莱恩·杜普雷特(Brian Duperreault)、美国铁狮门公司总裁兼首席执行官徐瑞柏(Rob Speyer)等专家与会并围绕"新时代、新起点、新作为——新形势下上海高水平对外开放"主题,建言献策。上海市委书记李强、市长应勇分别会见

来沪参加会议的部分成员。

△美国驻上海总领事馆在思南公馆的 Shanghai Slim's 餐厅举办美国职业橄榄球大联盟(NFL)观赛派对 VIP 席趣味知识竞赛。

29日

△为期 3 天的世界顶尖科学家论坛在上海临港滴水湖畔举办。上海市市长应勇出席论坛开幕式并致辞。世界顶尖科学家协会主席、2006 年诺贝尔化学奖得主罗杰·科恩伯格代表科学家致辞。上海市副市长、临港管委会主任时光辉主持。开幕式前,应勇会见了罗杰·科恩伯格等 30 多位世界顶尖科学家。

△美国言语语言治疗师协会(American Speech-Language and Hearing Association)主席伊莉斯·戴维斯-麦克法兰(Elise Davis-McFarland)博士到访华东政法大学。副校长汪荣明教授会见来访者,教育学部国际事务部主任杨福义教授,教育学部教育康复学系党支部书记程辰、副系主任刘巧云副教授陪同会见。会谈中,双方均表示将积极推动言语语言听觉事业在中国的发展,希望共同推进中国言语听觉康复师资培养体系的建设与完善。会谈后,伊莉斯·戴维斯-麦克法兰作题为"美国言语治疗师的角色、培养与认证(The Role of Education and Certification of Speech-Language Pathologists in American)"的专题讲座。

△美国弗吉尼亚联邦大学校长迈克尔·拉奥(Michael Rao)到访华东师范大学。拉奥表示学校非常重视拓展与中国高校的合作关系,认为中国不仅是经济大国,而且在国际舞台上日益成为最重要的社会力量之一。双方共同签署两校合作谅解备忘录,标志着两校正式缔结校际合作关系。

△世界著名的癌症免疫治疗专家、宾夕法尼亚大学 Barbara and Edward Netter 特聘教授、国际细胞和基因治疗协会下任主席布鲁斯·莱文(Ruce Levine)教授到访华东师范大学,作题为"细胞治疗的科研转化之路—从概念验证到产业化"的讲座。

△德克萨斯大学健康科学中心细胞系统和解剖学系终身教授 Pei Wang 到访东华大学,作题为"Engineering Pancreatic Cancer"的讲座。

30日

△上海美国商会在上海商城举办主题为"公司人力准备:个人所得税改革

(Corporate HR Readiness：Individual Income Tax Reform)”的活动。出席活动的主讲嘉宾有安永(Ernst & Young)全球移民服务、合伙人范本(Ben Fan)以及咨询服务主管莫林·乔(Maureen Chio)。

△上海交通大学与美国谷歌签署合作协议，合作项目包括：基于产业最新开源技术的课程内容建设、支持学生创新中心和中美青年创客交流中心的创新教育、支持交大开展创新创业大赛和全国物联网设计大赛。谷歌大中华区及韩国地区总裁石博盟(Scott Beaumont)出席签约仪式，并表示谷歌将重点支持上海交大电子信息与电气工程学院、学生创新中心、创业学院等单位，在课程开发和学生创新教育等方面合作。

△美国医学科学院院士、美国艺术与科学院院士、密西根大学医学院 S. P. Hicks 冠名病理学教授、病理学和泌尿学教授阿鲁·钦纳扬(Arul Chinnaiyan)到访上海交通大学，作题为“综合测序在精准肿瘤中的应用”的讲座。

△国际著名固体核磁学家、美国阿克伦大学教授利一·三好(Toshikazu Miyoshi)到访华东师范大学，作题为“Intramolecular and Intermolecular Interactions (Reactions) in Solid Polymers”的讲座。

△马里兰大学计算机辅助药物设计中心的主任亚历克斯·麦克瑞尔(Alex MacKerell)到访华东师范大学，作题为“Electronic Polarization in Macromolecular Structure and Dynamics——Development and Application of the Drude Polarizable Force Field”的讲座。

31 日

△上海美国商会在上海外滩半岛酒店举办 2018 上海美国商会年度 CSR 大会及颁奖仪式(AmCham Shanghai Annual CSR Conference & Awards Ceremony)。大会主题是“CSR 2.0：The New DNA of Business”。出席会议的主讲嘉宾有上海美国商会主席季瑞达(Kenneth Jarrett)、通用电气(GM)中国区主席钱惠康(Matt Tsien)等人。

△中国商飞公司总经理赵越让与到访的通用电气航空集团 GEnx 发动机总经理凯西·麦肯齐(Kathy MacKenzie)一行进行交流，公司副总经理郭博智出席。

△美国凯斯西储大学终身教授吕正荣到访华东师范大学，作题为“Engineering Simple and Smart Biomolecules for Cancer Imaging and Therapy”的讲座。

本月

△复旦大学药学院药物化学教研室首次揭示了新型选择性 SMS2 抑制剂在慢性炎症相关疾病以及脂质代谢混乱相关疾病的治疗效果。该研究成果以"Discovery of 4-benzyloxybenzo[d]Isoxazole-3-amine Derivatives as Highly selective and Orally Efficacious Human Sphingomyelin Synthase 2 Inhibitors That Reduce Chronic Inflammation in Bb/db Mice"为题，在线发表于《药物化学杂志》(*Journal of Medicinal Chemistry*)。

△华东政法大学童之伟教授先后在美国芝加哥大学法学院和东亚研究中心、加州大学哈斯廷法律学院、纽约大学法学院和亚美法研究所、哥伦比亚大学法学院、宾夕法尼亚州立大学法学院和公共事务学院、芝加哥肯特法律学院 6 所大学作学术演讲，内容主要围绕其新近出版的《权利、权力与法权中心说——当代中国的实践法理》一书和中国审判体制改革为主题展开。百余名学生出席讲座。

11月

1日

△由上海市人民政府主办的首届世界顶尖科学家论坛在滴水湖闭幕。包括26位诺贝尔奖得主在内的37位世界顶尖科学家和17位中国两院院士、18位中外杰出青年科学家与会，就光子科学、生命科学、创新药研发与转化医学、脑科学与人工智能等议题进行论述和交流。前美国国家科学院院长布鲁斯·阿尔伯茨（Bruce Alberts）、斯坦福大学教授朱棣文（Steven Chu）、麻省理工学院教授弗兰克·维尔泽克（Frank Wilczek）、约翰·霍普金斯大学教授亚当·里斯（Adam G. Riess）、物理学家戴维·格罗斯（David Gross）、经济学家托马斯·萨金特（Thomas Sargent）等逾20位美国知名专家与会并作主题发言。该论坛是国内乃至亚洲迄今为止规模最大、诺贝尔奖科学家参加人数最多的科技盛会。

△华东师范大学图书馆常务副馆长张静波、副馆长周健在闵行校区图书馆接待到访的美国洛杉矶加州大学东亚图书馆馆长陈肃和特藏图书馆馆长希瑟·布里斯顿（Heather Briston）。双方就上半年华东师范大学两位骨干教师赴洛杉矶加州大学访学所取得的成果进行交流，并就开展进一步的合作进行探讨。下午，美方两位馆长分别作题为“特藏与档案文献法律问题研究现状”“韩玉珊特藏与数字化：机会与挑战”的讲座。

△上海美国商会税收委员会（Tax Committee）在上海商城举办主题为“中国个人所得税改革简报（Briefing on the Status of PRC Individual Income Tax Reform）”的活动。出席活动的主讲嘉宾有德勤（Deloitte）全球雇主服务主管蒂凡尼·李（Tiffany Li）等人。

△美国斯坦福大学结构生物学教授迈克尔·莱维特（Michael Levitt）教授在上海海事大学作主题演讲，并与来自临港五校的大学生以及临港地区的中小

学生们面对面交流,分享他的科学体验和人生感悟。莱维特给年轻人提出了4条建议:要有激情、要持之以恒、要创新、要与人为善。

2日

△美国宾夕法尼亚大学法学院研究生项目执行理事伊莉斯·克雷默(Elise Luce Kraemer)到访上海交通大学凯原法学院。凯原法学院副院长程金华教授、院长助理侯利阳教授等接待了来宾。双方就交换生、双学位项目等合作交换意见。

5日

△上海市市长应勇会见美国微软公司创始人、泰拉能源公司董事长比尔·盖茨(Bill Gates),对比尔·盖茨来沪参加首届中国国际进口博览会,并在虹桥国际经贸论坛上发表演讲表示欢迎和感谢。应勇表示,上海正加快建设具有全球影响力的科技创新中心,把光子科学、脑科学与类脑科学、生命科学、信息技术等作为科技创新的重要突破方向。我们着力推进大科学设施群建设,努力为基础科学研究和原始创新提供基础设施及技术支撑。欢迎比尔·盖兹先生领导的盖茨基金会、泰拉能源等与上海开展合作交流,实现互利共赢。盖茨基金会和泰拉能源表示希望与上海进一步加强合作交流,共促发展。

5—10日

△首届中国国际进口博览会(简称“进博会”)在沪举办。近180家美国企业参展,数量位居参展国家中的第三位。美国高通、微软公司、通用电气、谷歌、赛默飞世尔以及惠而浦等多家全球五百强和跨国公司均由公司的高管亲自率队参展。美国主流媒体对首届中国国际进口博览会取得的成果也做了大量报道。

6日

△国际传感器行业龙头美国美特斯MTS公司全资子公司落户上海漕河泾国际商务中心。美特斯自20世纪70年代进入中国市场以来,与中国许多顶级的国家科研机构和大型企事业单位建立合作。美特斯负责人表示,上海是全球人才集聚之地,新公司将以上海为“根据地”,服务好中国客户。

7日

△上海市政协经济委员会常务副主任徐海鹰在市政协浦江厅会见率美国华盛顿州商贸代表团参展进博会的美国华盛顿州商务厅助理厅长克里斯·格林一行。徐海鹰向客人介绍了市政协履职情况和经济委员会主要职能。双方围绕扩大商贸合作、促进友好交往等内容进行了交流。格林高度评价国家主席习近平在进博会开幕式上发表的主旨演讲,并对进博会的成效充分肯定。

△美国辛辛那提大学《化学工程学报》(*Chemical Engineering Journal*)编辑狄俄尼索斯教授(Dionysios)到访同济大学,作题为“Treatment of Contaminants of Emerging Concern in Water Using Homogeneous and Heterogeneous Advanced Oxidation Processes”的讲座。

△美国加州大学洛杉矶分校生物工程系教授、《纳米研究》(*Nano Research*)副主编顾臻博士到访华东师范大学,作题为“Leverage Physiology for Bioresponsive Drug Delivery”的讲座。

△美国阿拉斯加大学博士斯蒂芬·克里斯特(Stefan Krist)到访上海师范大学,作题为“Manly Games in the City (in which Women Play Important Roles): Urban Dimensions of a Buryat Rural Sp”的讲座。

△上海美国商会在上海商城举办美国中期大选观摩会。

△上海美国商会教育委员会(Education Committee)在上海商城举办主题为“启航 2019:教育领域的变化(Sailing into 2019: Changing Waters in the Education Sector)”的活动。出席活动的主讲嘉宾有德勤中国教育产业的领导合伙人夏洛特·陆(Charlotte Lu)、霍金路伟国际律师事务所驻北京顾问雪莉·宫(Sherry Gong)。

8日

△上海市市长应勇会见美国直观医疗公司 CEO 兼总裁盖瑞·格达特(Gary Guthart),对其来沪参加首届中国国际进口博览会表示热烈欢迎。

△上海美国商会在波兹曼-丽思卡尔顿酒店举办主题为“理解美国中期选举的结果(Making Sense of the U. S. Midterm Election Results)”的活动。出席活动的主讲嘉宾为 Export Now 的首席执行官和创始人弗兰克·拉文(Frank Lavin)。

△美国理海大学校长约翰·西蒙(John Simon)一行 4 人到访同济大学。双

方续签校际合作谅解备忘录，有意愿拓展合作至航天航空、医学和生命科学等领域。

△《美国化学学会纳米》以"单分子层厚度的纳米丝带：丝材料的潜在构筑基元（Single Molecular Layer of Silk Nanoribbon as Potential BasicBuilding Block of Silk Materials)"为题，在线发表了东华大学纤维材料改性国家重点实验室的张耀鹏教授、邵惠丽教授团队在蚕丝领域的重要研究成果。该研究发现丝素纳米纤维带通过自组装或者有序构建，可用作增强成分或者直接构建单元，有望制备性能优异或功能性的丝素蛋白基材料，比如骨组织工程支架、手术缝合线、超薄柔性自支撑透明膜等，并应用于生物医学、生物电子接口、过滤、光学、成像等领域。

9日

△美国退役将领代表团到访上海国际问题研究院。该院学术委员会主任杨洁勉、国际战略研究所所长吴莼思、台港澳研究所所长邵育群、海洋和极地研究中心助理研究员杨立与代表团就中美关系进行交流。

△《美国科学院院刊》(*PNAS*)以"Quantitative Constraints on Autoxidation and Dimer Formation from Direct Probing of Monoterpene-derived Peroxy Radical Chemistry"为题在线发表了上海交通大学赵岳长聘教轨副教授与美国华盛顿大学大气科学系乔尔·桑顿(Joel Thornton)教授和美国环保署哈瓦拉·派伊(Havala Pye)博士合作的研究成果。该研究结果不仅有助于深化认识大气活性有机物氧化机理和低挥发性有机物来源，对完善相关的大气化学模式，准确预测和评估大气新粒子和二次有机颗粒物的形成及其环境效应也具有重要意义。

△美国布朗大学认知、语言学和心理学教授，虚拟环境导航实验室(VENLab)主任威廉·H·沃伦到访华东师范大学，作题为"Special Neuroscience Seminar Series"的讲座。

△美国韦伯州立大学主管国际事务副校长克里夫·诺埃尔(Cliff Nowell)博士、国际事务高级行政主管欧阳文博士到访上海理工大学。双方探讨两校即将开展合作的数学专业本科双学位项目。

△美国理海大学校长约翰·西蒙(John Simon)、外事副校长兼副教务长谢丽尔·马瑟(Cheryl Matherly)，商业与经济学院负责研究生教育副院长 Yiliang

Yao 和全球伙伴与战略行动办公室主任史黛西·伯格(Stacy Burger)一行到访华东师范大学。双方就材料科学、电子显微镜学、光学、经济与商业、创新创业、传媒、特殊教育以及健康医学等领域开展国际合作充分交换了意见,并续签两校合作协议备忘录。

10 日

△上海市委书记李强会见美国万通金融集团董事长兼首席执行官罗杰·克兰道尔(Roger Crandall)一行。李强重点介绍了上海国际金融中心建设最新进展,并表示举办中国国际进口博览会是中国主动向世界开放市场的重大举措,将年年举办,努力办出水平、办出成效、越办越好。欢迎世界各地各类企业积极参与进博会,共享发展机遇。克兰道尔表示,对中国市场充满信心,非常愿意参与到中国的发展、上海的发展中来,依托企业在保险、资产管理等方面累积的经验优势,进一步拓展合作领域、扩大业务范围,助力上海建设国际金融中心。

12 日

△诺贝尔化学奖获得者、美国加州理工学院罗伯特·格拉布斯(Robert Howard Grubbs)教授到访上海有机所,作题为"Design and Applications of Selective Olefin Metathesis Catalysts"的学术报告。格拉布斯简要回顾了烯烃复分解反应的发展过程,详细阐述了其课题组在过去十年发展顺式选择性和立体保持性催化剂的历程,分享了催化剂在天然产物全合成及高分子化合物合成中的广泛应用。1980 年,格拉布斯作为第一个访华的美国科学家代表团成员访问中国,此后一直与中国的高校和科研院所保持交流,担任了上海有机所等多家国内院校的荣誉教授,为中国有机化学领域的科研合作和人才培养做出了重要贡献。

12 日

△美国皮肤科学会候任主席、圣路易斯大学皮肤外科乔治·哈鲁扎(George Hruza)教授参观访问华山医院,并与上海皮肤界同仁进行学术交流研讨。

△上海美国商会在上海商城举办主题为"对于非技术人员的人工智能:解密人工智能(AI for Non-Tech Professionals Series I: Demystifying AI)"的活动。出席活动的主讲嘉宾为 AI Start-ups 的导师、咨询师王丹(Dan Wong)。

△新美国安全研究中心的亚太安全项目的研究助理阿比盖尔·格雷斯(Abigail Grace)到访复旦大学美国研究中心，就“特朗普政府的印太战略”与中心的学生进行交流。

△美国工程院院士、美国加州大学伯克利分校(University of California, Berkeley)科研副校长丽萨·阿尔瓦雷斯-科恩(Lisa Alvarez-Cohen)受聘为同济大学环境与生态高峰学科名誉教授。中美两校牵头的同济大学“地震工程国际合作联合实验室”(ILEE)于2016年通过国家科技部认证，从事国际前沿课题的科学研究，成果斐然。

13日

△由中美新型大国关系协创中心主办的中美新型大国关系高端系列讲座第十三讲在复旦大学美国研究中心举行。斯坦福大学弗里曼·斯伯格里国际问题研究所奥克森伯格-若兰杰出学者、前美国国家情报理事会主席、前美国助理国务卿冯稼时(Thomas Fingar)以“中美该如何竞争”为题发表演讲。他结合历史和现状，从经济、政治、意识形态、科技、军事等多个角度分析了中美两国之间的互动关系，强调中美之间的竞争并非是完全消极的和零和的，亦非两国关系的全貌。两国在人文交流、经济投资、金融贸易、能源开发等领域仍然存在着巨大的合作空间。

△美国期刊《现代物理评论》(*Reviews of Modern Physics*)以“二维材料中声子热性质”为题，在线发表了上海交通大学机械与动力工程学院青年教师顾骁坤关于二维材料这类新型材料中声子(晶格振动)输运现象的综述性论文。该研究将更高效地帮助人们利用亚纳米尺度的材料单元，构建设计具有优异性能的热多功能材料，实现热能的高效利用与调控。

△美国普渡大学助理教授王晶(Jing Wang)到访华东师范大学，作题为“Graded Large Deviation Principle for Nilpotent Hypoelliptic Diffusion Processes”的讲座。

△上海美国商会在上海雅居乐万豪酒店举办中国境外投资峰会和展会。

△上海美国商会在四季酒店举行题为“美国总领事评论及商会董事候选人见面会(Remarks from U. S. Consul General & Meet the Board of Governor Candidates)”会员月度简报会。出席简报会的主讲嘉宾有美国驻上海总领事谭森(Sean Stein)等人。

△新美国安全中心亚太安全项目研究员阿比盖尔·格雷斯(Abigail Grace)到访上海国际问题研究院,与该院国际战略研究所所长吴莼思、外交政策研究所周士新副研究员和台港澳所所长助理张哲馨就中美关系和亚太地区安全环境变化等议题进行交流。

14日

△上海市市长应勇会见了美国前国务卿、奥尔布赖特石桥集团董事长玛德琳·奥尔布赖特(Madeleine K. Albright)一行。应勇说,中美关系是当今世界最重要的双边关系之一,构建强劲稳定的中美经贸关系,有利于更好实现互利共赢。刚刚在上海落幕的首届中国国际进口博览会,就有众多美国企业积极参展,收获硕果。上海将按照中央部署,全力落实好增设自贸试验区新片区等新的重大任务,更好发挥在对外开放中的重要作用。奥尔布赖特祝贺首届进博会圆满落幕。她说,美国与中国建立良好的经贸关系十分重要,希望两国政府、企业等各方面加强沟通对话、增进相互理解,努力推动两国经贸关系朝着积极方向发展。

△美国亚洲协会政策研究院政治与安全事务主任林赛·福特(Lindsey Ford)到访上海国际问题研究院,与该院西亚非洲研究中心副研究员金良祥、外交政策研究所副研究员周士新就中美关系等议题进行交流。

△上海美国商会在上海商城举办主题为“特朗普时代的美国商业投资移民法(U. S. Business Immigration Law in the Trump Era)”的活动。出席活动的主讲嘉宾为美国移民法专家斯科特·怀特(Scott Wright)。

△上海美国商会在四季酒店举办题为“中国体育市场:进入快车道(China's Sports Market: Moving into the Fast Lane)”的上海美国商会体育论坛(AmCham Shanghai Sports Forum)。出席论坛的主讲嘉宾有上海美国商会会长季瑞达(Kenneth Jarrett)、Eastbridge Sports Management 上海公司的首席执行官马克·费斯切尔(Mark Fischer)等人。

△上海美国商会在上海商城举办主题为“遵守网络安全法系列讲座:人工智能和区块链相关规定的下一步是什么(Cybersecurity Law Compliance Workshop Series III: What's Next for AI and Blockchain Regulations)”的活动。出席活动的主讲嘉宾有 Llinks 的合伙人大卫·潘(David Pan)等人。

△美国《科学·进展》(*Science Advances*)以“Jasmonate promotes

artemisinin biosynthesis by activating the TCP14-ORA complex in Artemisia annua”为题，在线发表了上海交通大学唐克轩教授团队在药用植物青蒿中青蒿素生物合成转录调控机制研究领域获得的新进展。该研究拓宽了人们对青蒿素转录调控机理的认识，同时为利用转录调控策略增加青蒿素的生物合成、培育高青蒿素含量品种奠定了理论基础。

△美国布朗大学认知、语言与心理科学学院的“校长教授”以及虚拟空间导航实验室（VENLab）的负责人威廉·H·沃伦（William H. Warren）到访华东师范大学，作题为“Flocks, schools, and crowds——The dynamics of collective behavior”的讲座。

△美国佩斯大学出版系教授练小川到访上海理工大学，作题为“美国大众出版发展现状”的讲座。

14—16日

△美国斯泰福厦大学计算机、工程和技术学院IT系统荣誉退休教授洛娜·乌登（Lorna Uden）教授到访东华大学，分别作题为“Why Problem Based Learning?”“How to Conduct Academic Research”“Design Software Ecosystems from Service Science Perspectives”“Transforming the Stakeholders' Big Data to Values”和“How to Get Your Paper Accepted”的讲座。

15日

△美国VMware公司全球首席执行官帕特·基辛格率大中华区总裁郭尊华、中国研发中心总经理任道远、大中华区战略发展副总裁李映、大中华区高级市场总监苏美芬等到访复旦大学，并发表有关四大技术超能力及全球IT产业最新发展趋势，包括云、移动设备、人工智能与机器学习、边缘计算与物联网的行业领袖演讲。复旦大学副校长陈志敏、计算机科学技术学院院长王晓阳等与帕特·基辛格一行会面，就学生实习、项目科研等议题进行交流沟通。

△美国《先进材料》（*Advanced Material*）以“Design for Highly Piezoelectric and Visible/Near-infrared Photoresponsive Perovskite Oxides”为题，在线发表了上海交通大学材料科学与工程学院郭益平教授研究课题组在宽光谱吸收高压电铁电性能电子陶瓷的设计和合成方面取得的重要进展。该研究成果为铁电多功能材料在多能量响应和采集、光电转换和传感、光伏等领域的应用奠定了基础。

16 日

△美国南伊利诺伊大学哲学教授和临时主席、卡邦代尔和现象学研究中心(Carbondale and Director, Phenomenology Research Center)主任安东尼·斯坦因博克(Anthony Steinbock)到访华东师范大学,作题为"Surprise as Emotion: Between Startle and Humility"的讲座。

△《美国化学会志》(*JACS*)以"An Artificial Molecular Shuttle Operates in Lipid Bilayers for Ion Transport"为题,在线发表了华东理工大学费林加诺贝尔奖科学家联合研究中心科研团队的研究成果。该研究首次提出利用人工合成的分子机器——分子轮烷独特的梭动性质来实现转运蛋白结构与功能的模拟,进行高效、选择性的离子跨膜运输。

△上海财经大学副校长姚玲珍会见到访的美国福特汉姆大学代理教务长乔纳森·克里斯托(Jonathan M. Crystal)博士、协理副校长艾伦·史密斯(Ellen Fahey Smith)博士一行。双方一致同意积极利用两校的国际化办学经验与学科优势,充分发挥学校所在地的地缘优势,开展全方位、深层次的合作交往。

17 日

△美国期刊《科学·进展》(*Science Advances*)以"受激拉曼显微技术用于阿尔兹海默症淀粉样斑块的无标记成像(Label-free Imaging of Amyloid Plaques in Alzheimer's Disease with Stimulated Raman Scattering Microscopy)"为题,在线发表了复旦大学物理学系教授季敏标课题组及其合作团队的研究成果。该研究揭示了利用新型的受激拉曼显微成像技术对富含错折叠蛋白的淀粉样斑块进行无标记成像的技术进展,推动阿尔兹海默症的预防治疗进程。

△美国机械工程期刊《固体力学与物理杂志》(*Journal of the Mechanics and Physics of Solids*)以"A physically-based Model of Cyclic Responses for Martensitic Steels with the Hierarchical Lath Structure Under Different Loading Modes"为题,发表了华东理工大学轩福贞教授研究团队取得的重要研究。该研究揭示了马氏体板条结构应力疲劳加速软化的新机制——纳米板条界面的间歇性崩塌。该研究成果为科研工作者重新认识循环塑性变形的内在本质及力学行为的跨尺度关联提供了新思路。

19日

△美国华盛顿州立大学纺织服装系助理教授刘航(Hang Liu)到访东华大学,作题为“可持续性和功能性纺织材料开发(Sustainable and Functional Textile Material Development)”的讲座。

△美国约翰斯·霍普金斯大学国际关系学院博士卡拉·弗里曼(Carla Freeman)到访上海师范大学,作题为“The US-China Relationship Is Increasingly Interesting”的讲座。

19—23日

△美国北达科他大学钢琴四重奏乐队到访上海理工大学,进行为期5天的驻校系列活动。该乐队参加了美国文化交流中心举办的英语角活动,和同学们探讨了中美两国在大学对待转专业和辍学等方面的不同态度以及热门的美国电影和歌手等,并举办钢琴四重奏音乐会。4位音乐家为在场的百余名观众献上了古典与现代相结合的精彩演奏。该活动在校内外都反响热烈,促进了文化交流,给热爱艺术的师生提供了更好的平台。

20日

△美国期刊《美国化学会志》(*Journal of the American Chemical Society*)以“Analyte Regeneration Fluorescent Probes for Formaldehyde Enabled by Regiospecific Formaldehyde-Induced Intramolecularity”为题,发表了华东理工大学药学院博士研究生徐航在甲醛荧光探针研究领域的新进展。该研究为甲醛的生理、病理和信号传递通路的研究提供新的化学生物学工具。同时,诱导邻近效应和“待测物再生荧光探针”概念,可以为其他活性代谢分子的荧光探针研发提供新的设计思路。

△上海美国商会在上海商城举办题为“用大数据做决策(Decision Making with Big Data)”的会员培训活动。出席培训活动的主讲嘉宾为资深培训师杰克·陈(Jack Chen)。

△上海美国商会教育委员会(Education Committee)在上海商城举办主题为“全球教育市场和师资招聘:全球和亚洲的视角(A Global and Asia Perspective on the International Schools Market and Teacher Recruitment)”的活动。出席活动的主讲嘉宾有ISC Research的教育主管理查德·加斯科尔

(Richard Gaskell)等人。

△上海美国商会在上海商城举办主题为“中国汽车配件市场的动态(Dynamics in China Automotive Aftermarket)”的讲座活动。出席活动的主讲嘉宾为 Aftermarket Intelligence Consulting 的经营主管谭文哲(Wenzhe Tan)。

21 日

△上海美国商会在上海商城举办主题为“‘更多时代’的有效内容：可口可乐中国创新战略的深度探究(Effective Content in the Age of More: An inside look into Coca-Cola's Creative Strategy for China)”的活动。出席活动的主讲嘉宾为可口可乐公司内容创新优势主管理查德・柯登(Richard Cotton)。

△上海美国商会在上海商城举办题为“经理培训天赋：如何从你的团队中取得最佳成果(Managers Coaching Talent: How to Get the Best Out of Your Team)”的会员培训活动。出席培训活动的主讲嘉宾为资深培训师杰夫・谭(Jeff Tan)。

22 日

△美国夏威夷大学卡庇奥拉尼分校校长路易丝・帕格托(Louise Pagotto)一行到访华东师范大学。双方探讨了在交流交换项目以及本科项目中的合作可能性,签署了合作框架性协议书。

23 日

△美国纽约州立大学布法罗分校(University at Buffalo, SUNY)助理教授马可・加布尔迪(Marco Gaboardi)到访华东师范大学,作题为“Formal Verification of Differential Privacy”的讲座。

△上海美国商会在上海商城举办主题为“GPS 健康简报：中国私营产业的图景(GPS Healthcare Briefing: China's Private Sector Landscape)”的活动。出席活动的主讲嘉宾为 L. E. K. Consulting 的合伙人斯蒂芬・桑德兰(Stephen Sunderland)。

24 日

△上海美国商会在环贸广场举行题为“美国海外投资的趋势及芝加哥的机

遇(The Overseas Investment Trends in United States and Opportunity in Chicago)"的早餐会。出席活动的主讲嘉宾为第一太平戴维斯国际地产(Savills International Property China)助理经理陆梦星。

25日—29日

△复旦大学国际问题研究院院长、美国研究中心主任吴心伯教授受外交部委托,率外交部专家学者代表团一行4人赴美国芝加哥和华盛顿,与当地高校学者、地方官员、制造业企业与协会、联邦及地方议员助手及知名智库专家进行对话,就美国政治、美国地方治理以及美国中西部制造业地带经济发展现状,中期选举后美国的政治、经济和外交形势进行交流。

26日

△上海美国商会在上海商城举办主题为"中国投资者的行为分析(Behavior Analysis of Chinese Investors)"的活动。出席活动的主讲嘉宾为复旦大学教授Huasheng Gao。

27日

△上海美国商会在上海商城举办题为"影响力和谈判技能讲座(Influencing & Negotiating Skills Workshop)"的会员培训活动。出席培训活动的主讲嘉宾为资深培训师马克·佛格尔(Marc Fogel)。

△上海美国商会在上海商城举办主题为"中国、贸易和力量(China, Trade and Power)"的活动。出席活动的主讲嘉宾为资深清算研究员、战略分析师斯图亚特·帕特森(Stewart Paterson)。

△上海美国上海财政服务委员会(Financial Services Committee)和法律委员会(Legal Committee)在上海商城联合举办主题为"美国的遵守以及法律和董事治理风险最近发展趋势(US Compliance and Recent Trends of Legal and Board Governance Risks)"的活动。出席活动的主讲嘉宾有Lockton公司的达那·科珀(Dana Kopper)等人。

△美国奥本大学建筑与工程学院院长克里斯蒂安·达格(Christian Dagg)、招生负责人凯瑟琳·巴克(Katherine Buck)、一级工业设计研究主席Tin-Man Lau到访上海交通大学设计学院。双方表示两校学科发展和研究方向在许多领

域都有共通之处,就未来合作意愿及具体落实方式和流程进行了详细讨论,达成在课程设置、暑期项目、设计工作坊等相关专业领域展开深度密切合作的良好愿景。

△伊利诺伊大学芝加哥分校化工系副教授刘颖到访华东理工大学,作题为"Self-assembled Polymeric Nanoparticles-From Competitive Kinetics to Biomedical Applications"的讲座。

28 日

△美国期刊《先进材料》(*Advanced Materials*)以"A Gradient Heterostructure Based on Tolerance Factor in High-Performance Perovskite Solar Cells with 0.84 Fill Factor"为题,在线发表了华东理工大学材料学院在新型钙钛矿太阳能电池研究领域取得的重要进展。该研究成功实现 Sb3 + 和 In3 + 两种 n 型三价离子在晶体表面自发富集和器件中的梯度分布,从而开发了自发梯度掺杂的钙钛矿太阳电池器件模型。这种自发梯度掺杂策略也为控制半导体材料载流子分离和传输,提高钙钛矿二极管质量和性能提供了新思路。

△上海美国商会在上海商城举办题为"江苏溧阳经济发展园区(Jiangsu Liyang Economic Development Zone Briefing)"的工业园区介绍会。

29 日

△上海美国商会在波特曼-丽思卡尔顿酒店举办主题为"纽约的视角:中美贸易摩擦及其对美国贸易和经济影响的前景(A Perspective from NY-The US China trade frictions and the Effect on the US Trade and Economic Outlook)"的活动。出席活动的主讲嘉宾为汇丰北美股份公司(HSBC North America Holdings Inc)首席执行官、董事长帕特·博克(Pat Burke)。

△上海美国商会年度商业会议(AmCham Shanghai Annual General Business Meeting)在四季酒店举办。出席会议的主讲嘉宾为著名医师迈克尔·汉弗莱斯(Michael Humphries)。

30 日

△美国罗格斯大学(Rutgers University)资深教授李静到访华东理工大学,作题为"Designing Robust and High-Performing Crystalline Hybrid Phosphors

For Energy-Efficient General Lighting Technologies"的讲座。

本月

△同济大学校长陈杰院士以其在复杂系统的优化与控制方向做出的突出贡献当选美国电气和电子工程师协会学者(IEEE Fellow),任期从2019年1月1日开始。

△美国德克萨斯A&M大学(Texas A&M University)材料科学与工程系教授艾伦·尼德曼(Alan Needleman)到访华东理工大学,作题为"Effect of Size on Necking of Dynamically Loaded Notched Bars"的学术报告,并参加主题为"Fracture and Strength"的博士生学术研讨会。

△美国里海大学校长约翰·赛门(John Simon)、外事副校长切莉·麦哲丽(Cheryl Matherly)、商业和经济学院副院长奥利佛·姚(Oliver Yao)以及国际伙伴和战略计划主任斯黛茜·伯格(Stacy Burger)一行到访华东理工大学,与该校校长曲景平、副校长刘昌胜会见。双方就下一步合作交换了意见,并举行了谅解备忘录签约仪式。会谈后,赛门校长一行在国际合作与交流处处长李永生的陪同下参观了化工学院实验教学中心、生物反应器工程国家重点实验室以及结构可控先进功能材料及其制备教育部重点实验室。

△国际电气和电子工程师协会学者(IEEE Fellow)、美国马其顿圣基里尔·麦托迪大学教授卢西托·卡廖夫(Ljupco Kocarev)到访华东师范大学,作题为"Graphical Models over Heterogeneous Domains and for Multilevel Networks"的学术报告。

12 月

2 日

△第四届上海国际喜剧节闭幕。喜剧节历时 29 天，上演了 17 部展演剧目，融入了美国百老汇“生活打击乐鼻祖”《STOMP 破铜烂铁》等国外的别样风格。开幕以来，为市民们提供了一个欣赏喜剧艺术、接触顶尖喜剧作品的平台。

3 日

△中国人民保险集团股份有限公司缪建民董事长会见了到访的 KKR 集团全球合伙人、KKR 全球研究院主席戴维·彼得雷乌斯(David Howell Petraeus)将军一行。缪建民对彼得雷乌斯一行来访表示欢迎。双方就中美经贸关系、中东经济多元化与社会改革等热点问题开展探讨，并就今后加强双方交流达成共识。

△美国康奈尔大学校长玛莎·波拉克(Martha Pollack)率领代表团到访上海交通大学，会见上海交通大学校长林忠钦、副校长徐学敏。双方回顾了上海交通大学与美国康奈尔大学十余年的合作历程，对于两校在农学、计算机等领域的教学和研究合作表示满意，并一致同意将利用两所大学综合性学科优势广泛开展跨学科、跨部门的交流合作。

△美国洛杉矶西达赛奈医学中心副总裁布鲁斯·格沃茨(Bruce Labe Gewertz)、广东太安堂药业股份有限公司总经理柯少彬一行到访上海中医药大学，会见上海中医药大学校长徐建光，就三方合作科研及在美国推广中医展开对话。

△美国国家科学院院士、美国艺术和科学院院士、芝加哥大学荣休校长雨果·索尼辛(Hugo F. Sonnenschein)到访上海交通大学安泰经济与管理学院，作题为“Negotiation as the Art of the Deal”的学术报告。

△当代著名的心灵哲学家和认知科学家、实验哲学运动的主要发起者和推动者、美国罗格斯大学教授斯蒂奇(Stephen Stich)到访华东师范大学,作题为“道德分歧的经验研究能够解决道德实在论的争论吗”的讲座。

4 日

△上海美国商会在上海商城举办题为“讲故事与领导力:领导如何通过讲述伟大的故事来影响员工(Storytelling & Leadership: How Leaders Tell Great Stories to Influence Everyone at Work!)”的会员培训活动。培训活动的主讲嘉宾是资深培训师杰夫里·谭(Jeffrey Tan)。

△上海美国商会市场营销与媒体委员会(Marketing & Media Committee)在上海商城举办主题为“超越微信营销——推动你的网上销售转型(Go Beyond WeChat Marketing — Boosting Your Sales Conversion Online)”的活动。活动的主讲嘉宾为 Livecom 的创始人托马斯·克诺普(Thomas Knoop)、Mobile Now Group 的合作创始人托马斯·麦耶(Thomas Meyer)。

5 日

△上海市市长应勇与副市长吴清一行赴临港重装备产业区,实地调研上海积塔半导体项目以及特斯拉超级工厂。特斯拉超级工厂项目集研发、制造、销售等功能于一体,是上海有史以来最大的外资制造业项目。应勇指出,先进制造业和战略性新兴产业是上海经济的重大支撑,要深入推进“四新经济”、智能制造、产业创新、工业强基、质量提升等系列工程,加速提升上海实体经济发展质量和能级。

△上海市浦东新区区委书记翁祖亮在新区办公中心会见通用电气公司(GE)全球高级副总裁、GE 中国总裁兼首席执行官段小缨一行。双方都表示希望今后能把更多的客户、技术和产品引入中国,加强政府与企业的互动沟通,同时用好“找茬”机制,积极听取双方的意见建议,帮助企业在浦东发展壮大。

△美国著名花样滑冰运动员关颖珊(Michelle Kwan)到访上海交通大学,作题为“从成功到伟大:创造运动之外的影响”的讲座。

△华盛顿大学医学院助理教授伊凡·洛迪(Irfan J. Lodhi)到访华东师范大学,作题为“Control of Adipose Tissue Thermogenesis”的讲座。

△上海美国商会在浦东香格里拉酒店举办第十七届“上海年度感谢晚宴

(The 17th Annual Shanghai Appreciation Dinner)”。美国驻华大使特里·布兰斯塔德(Terry Branstad)出席并致辞。

6日

△上海市委书记李强会见美国驻华大使特里·布兰斯塔德(Terry Branstad)一行。李强表示,中美作为世界最大的两个经济体,合作是双方最好的选择。上海将进一步加强与美国各地的友好往来,在更多领域开展积极务实、互惠互利的交流合作。布兰斯塔德表示,愿为推动双边经贸关系尽快回到正常轨道做出积极努力。希望通过此访进一步增进对上海的了解,更好促进美中地方之间和企业之间各领域合作交流。

△上海市商务委员会副主任杨朝会见美国波音风险投资公司 Horizon X 投资总监迈克·豪瑟(Michale Hauser)一行。双方表示将努力引进优秀的科技创新类项目,为上海建设具有全球影响力的科创中心而携手合作。

△上海国际问题研究院学术委员会主任杨洁勉会见到访的美国媒体人士代表团,国际战略研究所所长吴莼思、台港澳问题研究所所长邵育群和海洋极地研究中心助理研究员杨立参加。双方就中美关系进行了交流。美方代表团一行由美国国家公共广播电台、彭博新闻社、华尔街日报和库克政治报告等媒体代表组成。

△上海政法学院校长刘晓红会见到访的美国伊利诺伊州理工大学芝加哥肯特法学院院长哈罗德·克兰(Harold Krent)、亚洲部项目主任华克伟,介绍学校的建校历史、学生构成以及近年来在教学、竞赛、科研、对外合作等方面取得的成就。克兰介绍了芝加哥肯特法学院的法学硕士项目。双方对入学条件、合作模式展开探讨,并初步达成合作意向。

△美国加州大学洛杉矶分校应用语言学系终身教授莱尔·巴赫曼(Lyle Farris Bachman)到访上海理工大学,作题为“应用‘测试使用论证’框架指导基于课堂的语言评估”的讲座。

△美国期刊《纳米快讯》(*Nano Letters*)以“巨噬细胞囊泡包载纳米颗粒靶向治疗关节炎(Route to Rheumatoid Arthritis by Macrophage-derived Microvesicle-Coated Nanoparticles)”为题在线发表了复旦大学药学院教授王建新课题组、副教授庞志清课题组关于高效提取巨噬细胞囊泡的方法及其在关节炎疾病靶向治疗方面的应用的相关研究成果。

△美国期刊《细胞代谢》(*Cell Metabolism*)以“节律蛋白 Per2 通过招募 TSC1 到 mTORC1 复合物来抑制 mTORC1 信号通路的活性(The Circadian Protein Period2 Suppresses mTORC1 Activity via Recruiting Tsc1 to mTORC1 Complex)”为题,在线发表了复旦大学基础医学院刘浥课题组关于分子生物钟对 mTORC1 信号通路的调控机制的相关研究成果。该研究不仅提出了 Per2 发挥抑癌作用的新机制,也为治疗癌症以及其他由于 mTOR 信号紊乱而发生的疾病提供了新思路。

△《美国化学会催化杂志》(*ACS Catalysis*)以“Switching Cofactor Dependence of 7β-Hydroxysteroid Dehydrogenase for Cost-effective Production of Ursodeoxycholic Acid”为题发表了华东理工大学生物反应器工程国家重点实验室及上海生物制造技术协同创新中心许建和课题组关于改变羟甾脱氢酶辅酶偏好性方面的研究成果。

△世界花样滑冰传奇人物、美国历史上最出色的女子单人滑选手关颖珊(Michelle Kwan)到访上海纽约大学,与学生见面交流,与上海纽约大学常务副校长雷蒙对话,分享她在美国华裔移民家庭的成长、从冰场到投身公共外交领域的经历。

△美国西雅图大学陈佐人教授到访同济大学人文学院,作题为“社会分层:马克思·韦伯和特洛尔奇的比较及亚洲处境”的讲座。

△上海美国商会在上海商城举办主题为“食品及其对健康、商业和地球的影响(Food and Its Impact on Health, Business and the Planet)”的活动。活动的主讲嘉宾为中美清洁能源合作项目(Joint US-China Collaboration on Clean Energy)主席 Peggy Liu 和 FCSI World Wide Board 的主管 Clara Pi。

△上海美国商会在上海商城举办题为“Lean Six Sigma-Yellow Belt”的会员培训活动。培训活动的主讲嘉宾为 Goforsixsigma 的创始人 Anna Grabowska-Grabiec。

7 日

△上海市委书记李强会见美国泰博思萃国际集团(Tapestry)首席执行官维克特·路易斯(Victor Luis)一行。李强表示,泰博思萃集团未来的发展战略契合上海的城市定位和产业方向,希望该企业把更多新品首发、创意设计、新兴业务放在上海。上海将不断优化营商环境,全力支持中外企业在沪拓展业务。路

易斯表示,其集团旗下品牌将于2019年在沪举办新品发布会,这是该品牌创立以来首次在纽约以外的地区举办全球发布会。集团将进一步扩大在沪投资,在新品首发、时尚设计、人才培养等领域深化合作,实现共赢发展。

△上海交通大学物理与天文学院金贤敏团队关于世界上首个轨道角动量(OAM)波导光子芯片的研究成果以"Mapping Twisted Light into and out of a Photonic Chip"为题,发表于美国期刊《物理评论快报》(*Physical Review Letters*)。该研究使未来在光子集成芯片内高效利用光子轨道角动量这一新兴的自由度成为可能,为基于光子轨道角动量自由度的光信息以及量子信息技术芯片化集成化打开了大门。

7—8日

△上海美国商会在建国西路的Living Room by Octave举办题为"生于谷歌:寻找你自己(Born at Google: Search Inside Yourself)"的会员培训活动。培训活动的主讲嘉宾为企业家、Sendle的联合创始人及首席营销官卡拉格·戴维斯(Craig Davis)以及任职于Visa的琳达·寇蒂斯(Linda Curtis)。

7—9日

△第五届中美医疗信息化发展高峰论坛暨2018 HIMSS大中华区年会在上海跨国采购会展中心举办。国际HIMSS全球董事会轮值主席曼尼什·科利(Manish Kohli)、国际HIMSS副总裁约翰·丹尼尔斯(John Daniels)、上海市公共卫生临床中心主任朱同玉、上海交通大学医学院附属同仁医院院长马骏、上海儿童医学中心副院长王伟等1800多位国内外政府决策者、医院领导和管理者、临床专业人员、公司管理者和临床信息学专家出席,共同研讨当今医院信息化建设。

10日

△中国交通建设集团董事长刘起涛在中交大厦会见到访的美国波士顿咨询公司(BCG)全球主席汉斯-保罗·博克纳(Hans-PaulBürkner)。双方就加强合作、共同发展等话题进行交流。刘起涛向博克纳介绍了中国交通建设集团全球化发展的情况,并表示中国交通建设集团愿意和波士顿咨询公司就双方共同关心的问题加强合作,实现优势互补、合作共赢。博克纳介绍了波士顿咨询公司业

务开展情况和正在研究的企业发展问题。他表示，中国交通建设集团在亚洲和非洲市场有丰富的开发经验，是良好的合作伙伴。波士顿咨询公司愿意为中国交通建设集团全球化发展在组织流程优化、数字化转型等方面提供支撑，实现共同发展。

△上海美国商会在上海静安瑞吉酒店举办上海美国商会会长季瑞达(Kenneth Jarrett)的告别宴会。季瑞达在宴会上致辞。

△“中西战争与和平伦理学”国际学术研讨会在美国弗吉尼亚大学举行，由弗吉尼亚大学、香港浸会大学、里士满大学和弗吉尼亚大学宗教研究中心联合主办。上海政法学院教授盛红生与会，作题为“联合国维持和平行动与 Jus Post Bellum(战后法)”的专题发言，还与各国学者进行了较为深入的交流。

11 日

△第二届“深远海养殖技术发展国际研讨会”在上海临港召开，由美国国际铜专业协会、中国水产科学研究院东海水产研究所、上海耕海渔业有限公司、宁德市富发水产有限公司和上海临港海洋高新技术产业发展有限公司联合承办。其间，美国国际铜专业协会、上海耕海渔业有限公司、中国水产科学研究院东海水产研究所与澳大利亚蓝色经济合作研究中心四方签署了关于共同参与澳大利亚蓝色经济合作研究中心的联合声明。

△上海美国商会税务委员会(Tax Committee)在上海商城举办主题为“中国税务——2018 年的焦点回顾及 2019 年的展望(China Tax-Highlights from 2018 and Projections for 2019)”的活动。活动的主讲嘉宾有均富国际(Grant Thornton)的高级税务主管 Sherry Chen、合伙人 David Luo 等人。

△上海美国商会在上海商城举办主题为“如何解读中国的食品进口法律法规(How to Navigate China's Food Import Laws)”的活动。活动的主讲嘉宾为 Keller and Heckman 事务所上海办公室的经营合伙人大卫·艾丁格(David Ettinger)。

△美国工程院院士、国际生物电化学技术协会主席、美国宾夕法尼亚州立大学 Even Purgh 讲席教授布鲁斯·洛根(Bruce Logan)到访上海交通大学，作题为“水处理和海水淡化中的能源资源循环高级技术”的学术报告。

△康奈尔大学的摩根首席讲座教授、终身教授，美国医学和生物工程院院士朱知章(Chih-Chang Chu)到访东华大学，作题为“Wound Closure Biomaterials:

Past，Current and Future”的讲座。

12 日

△上海国际问题研究院与上海人民出版社联合举办“寻求共同和平发展之道：新时代的中美关系”研讨会。会议邀请了美国哈佛大学肯尼迪政府学院创始院长、美国前助理国防部长格雷厄姆·艾利森(Graham Allison)教授与中国知名学者、媒体代表就中美如何在新时代寻求共同和平发展进行对话。

△上海美国商会在上海商城举办主题为“商业智能赋能企业数据(Ride the momentum of BI to maximize the value in your organization's data)”的活动。活动的主讲嘉宾为 DataCVG 的首席战略和营销官 Shan You。

△美国哈佛大学费正清研究中心教授傅高义(Ezra Feivel Vogel)到访复旦大学美国研究中心，作题为“中美关系四十年的思考”的演讲。傅高义基于自身的研究体会和亲身经历，回顾了中国改革开放 40 年所取得的巨大成就以及中美关系 40 年来发展所经历的巨大变化。

13 日

△由上海市美国问题研究所、复旦大学美国研究中心、上海市人民对外友好协会联合举办的“纪念中美建交 40 周年研讨会”在《上海公报》签署地上海锦江饭店小礼堂举行。来自中美两方的外交亲历者、学界翘楚以及社会贤达百余人与会，共话中美关系的历史、现状与未来。作为研讨会的一项重要议程，“40 人看 40 年——纪念中美建交 40 周年系列访谈”项目成果在会上发布。该项目在中美两地 7 个城市采访了 40 位中美两国政界、学界的杰出代表(双方各 20 人)，见证了中美合作共赢的历史。

△华山医院院长丁强、副院长邵建华接待到访的美国哈佛医学院附属麻省总医院(Massachusetts General Hospital)新任首席执行官蒂莫西·费里斯(Timothy Ferris)和夫人。双方回顾了多年的合作经历，探索各自在医改大背景下的医院发展之路，并协商重点将在临床与科研合作、人才交流培养等方面开展进一步具体合作。

△上海美国商会在万豪酒店举办题为“求同存异”(Finding Common Ground in Conflict)的 2018 年度政府事务大会(GA Conference)。会议的主讲嘉宾包括上海美国商会会长季瑞达(Kenneth Jarrett)、北京大学教授 Yong Wang、

美国印第安纳大学中国政治与商务研究中心主任甘思德(Scott Kennedy)等人。

△上海美国商会在上海商城举办题为“在中国当经理：如何在跨国公司做成功的领导(Managers in China-How to Be Successful Leaders in an International Company)”的会员培训活动。培训活动的主讲嘉宾为资深培训师希尔薇·图尼耶(Sylvie Tournier)。

△美国加州大学圣地亚哥分校文学系主任、比较文学与中国研究特聘教授张英进到访华东师范大学，作题为“新世纪美国学术界的中国电影研究”的讲座。

△美国康奈尔大学摩根首席讲座教授朱知章(Chih-Chang Chu)到访东华大学，作题为“新功能可生物降解的伪蛋白生物材料及其生物医学应用(New Functional Biodegradable Pseudo-Protein Biomaterials and Their Biomedical Application)”的讲座。

△美国康奈尔大学分子生物学和遗传学教授 Ailong Ke 到访东华大学，作题为“Structure and Mechanisms in RNA-Based Adaptive Immunity, theCRISPR-CasSystem”的讲座。

14 日

△上海美国商会在上海商城举办题为“高效能人士的 7 个习惯——员工效能提高之道(The 7 Habits of Highly Effective People-Improve Effectiveness)”的会员培训活动。培训活动的主讲嘉宾为富兰克林·柯维(Franklin Covey)的高级顾问郁伟(Jack Yu)。

△美国加州大学圣地亚哥分校文学系主任、比较文学与中国研究特聘教授张英进到访上海师范大学，作题为“海外中国现代文学研究的范式变迁”的讲座。

16 日

△上海东方艺术中心联合美国音乐剧学院在沪举办 2019 音乐剧冬令营活动的预热体验课。近 40 组亲子家庭参与了由美国音乐剧学院纽约分校校长克里斯蒂·米勒将亲自带队的沉浸式英文授课以及全方位定制训练的课程。该项目旨在丰富孩子的想象力，释放孩子的创造力与独特性。

△美国伊利诺伊州理工大学芝加哥肯特法学院院长哈罗德·克伦特(Harold Krent)教授和助理院长爱德华·哈里斯(Edward Harris)教授等接待到访的上海政法学院代表团一行 3 人。双方就即将合作开展的本科 3＋1、硕士

2+1的培养项目以及法学硕士项目申请流程、入学选拔、学费资助等方面展开深入探讨,还就加强校际交流、开展教师互访进修等进行了研讨。双方表示将加强专业领域的人才交流与合作,进一步推动落实有关合作的具体措施。

△乔治亚大学新闻传播学院教授、考克斯国际中心主任、富布莱特高级学者都铎·弗拉德(Tudor Vlad)到访上海师范大学,作题为"A New Perspective on the Future of the Communication Industry"的讲座。

17日

△美国德克萨斯州南方大学计算机系教授、德克萨斯州南方大学虚拟仿真与远程控制实验室(VR-Lab)创始人陈学敏到访东华大学,作题为"Minimum Cost Deployment of Heterogeneous Directional Sensor Networks for Differentiated Target Coverage"的讲座。

△美国哥伦比亚大学电子工程教授王晓东(Xiaodong Wang)到访东华大学,作题为"Tensor Completion-Fundamental Limits, Efficient Algorithms, and Privacy"的讲座。

18日

△美国卡特中心发展部高级副主任马美真(Meagan Martz)到访上海国际问题研究院,与该院院长助理、世界经济研究所所长张海冰和外交政策研究所所长张春就双方合作事宜进行了交流。

△美国驻华大使馆政务副参赞华自强(Rick Waters)一行到访上海国际问题研究院,与该院国际战略研究所所长吴莼思、全球治理研究所副研究员毛瑞鹏、国际战略研究所助理研究员薛晨及海洋极地研究中心助理研究员杨立就中美关系进行了交流。

△东华大学纺织科技创新中心俞建勇院士及丁彬研究员带领的纳米纤维研究团队关于吸湿快干功能纺织品的相关研究成果,以"基于仿生多孔Murray纤维膜的吸湿快干功能性面料(Biomimetic Fibrous Murray Membranes with Ultrafast Water Transport and Evaporation for Smart Moisture-Wicking Fabrics)"为题发表于《美国化学会纳米杂志》(*ACS Nano*)。该研究提出的构筑仿生多级孔道以及表面能梯度结构的策略为吸湿快干微纳米纤维膜材料的设计和性能提升提供了一种新思路,有望取代现有商业化吸湿快干面料,实现其在高

档功能服装及医卫材料等领域的广泛应用。

19日

△上海国际问题研究院国际战略研究所助理研究员薛晨和台港澳研究所助理研究员郑英琴接待到访的美国新闻专业研究生代表团。双方就中美关系进行了交流。

△美国佛罗里达大学研究基金会教授、计算机与信息科学与工程学系特聘教授 My T. Thai 博士到访东华大学，作题为“Viral Marketing-A Road to Billion-scale Networks and Future”的讲座。

△美国佐治亚理工学院布鲁克贝尔可持续发展学院院长、美国工程院院士、中国工程院外籍院士约翰·克里腾登(John C. Crittenden)教授，耶鲁大学环境与化学工程系教授、美国工程院院士、中国工程院外籍院士梅纳姆·埃林米勒(Menachem Elimelech)教授到访华东理工大学，分别作题为“The Application of Advanced Oxidation Processes (AOPs) and Development of Electrochemical Advanced Oxidation Processes (EAOPs)”和“Next-Generation Membrane Materials for Desalination and Water Purification”的主题报告。

20日

△美国贝利金属公司派出项目经理及质量管理人员一行到访宝钢铸造，探讨新型高端冷却壁的首件产品试制的工艺技术方案。双方就工艺难点达成一致方案，为后续产品制造及合作奠定了基础。早前，美国贝利金属公司基于对宝钢铸造冷却壁制造技术及产品质量的充分认可，特地前来定制新型高端冷却壁产品，下了20块带集管箱形式的冷却壁的订单。

△由上海文广演艺集团出品的美国本土音乐剧《芝加哥》在上海美琪大戏院首演。该剧涵盖了百老汇歌舞等诸多元素。观众对演出给予高度评价。

△上海交通大学基础医学院郑俊克研究员和华东理工大学杨弋教授合作开展的关于白血病起始细胞(LICs)代谢规律调控的研究成果，以“Metabolic Imaging Reveals a Unique Preference of Symmetric Cell Division and Homing of Leukemia-initiating Cells in an Endosteal Niche”为题在线发表于《细胞代谢》(*Cell Metabolism*)。该研究为理解 LICs 代谢调控与其命运决定的关系提供不同视角，为精确探讨不同类型干细胞代谢提供新颖工具和有力借鉴，也为从代谢

角度靶向白血病或其他肿瘤提供潜在治疗策略。

△上海交通大学机械与动力工程学院机器人研究所与麻省理工学院活性软体材料实验室合作的关于软体机器人的研究，以“软体爬壁机器人(Soft wall-climbing robots)”为题发表于美国刊物《科学·机器人学》(*Science Robotics*)。该研究大幅拉近了机器与生命体之间的距离，体现了机器人技术的未来发展趋势。

△美国凯斯西储大学(Case Western Reserve University)电子工程与计算机科学助理教授肖旭生到访华东师范大学，作题为“Improving Mobile App Security via Analyzing Structured and Unstructured Artifacts”的讲座。

21日

△美国传统非裔大学(Historically Black Collegesand Universities，HBCU)校长代表团一行到访东华大学。代表团成员包括摩根州立大学校长戴维·威尔逊(DavidWilson)、包伊州立大学校长阿明塔·霍金斯布·鲁费(Aminta Hawkins Breaux)、贾维斯基督学院院长莱斯特·纽曼(Lester C. Newman)、费恩克大学校长凯文·达内尔·罗梅(Kevin Darnel Rome)和陪同到访的中美交流基金会高级项目总监栾宇涛。双方就师生交流、学生交换以及合作科研等活动展开讨论。

△上海美国商会在上海商城举办题为“商标与知识产权保护(Trademark and IP Protection)”的简报会。简报会的主讲嘉宾为上海市工商行政管理局的凌捷。

△美国雪城大学商学院助理教授熊桂洋到访东华大学，作题为“Virtual Reality in Retail: Effects of Virtual Fitting Rooms”的讲座。

△美国宾州州立大学的著名数学家阿尔贝托·布雷桑(Alberto Bressan)到访上海师范大学，作题为“Multiple Solutions for the 2-dimensional Euler Equation”的讲座。

24日

△世界著名美学家、哲学家，美国佛罗里达大西洋大学 Dorothy F. Schmidt Eminent Scholar 讲席教授理查德·舒斯特曼(Richard Shusterman)到访华东师范大学，作题为“艺术摄影——作为一种述行过程”的讲座。

△美国密歇根大学安娜堡分校材料工程系助理教授、美国纳米机械材料行为委员会成员、美国计算材料科学委员会成员齐亮到访华东师范大学，并作题为“Effects of Electronic Structures on Mechanical Properties of Transition Metals”的讲座。

25日

△美国新奥尔良大学（University of NewOrleans）复合材料研究室主任许大卫教授到访东华大学，作题为“Nano-Engineered Mechanics: Why Nano?”的讲座。

26日

△科罗拉多大学物理系教授马库斯·拉奇克（Markus B. Raschke）到访华东师范大学，作题为“Tip-enhanced Strong Coupling —— Broadband Room Temperature Cavity Nano-optics with Single Emitter”的讲座。

27日

△上海师范大学音乐学院与美国堪萨斯大学音乐学院成功签署3+2本硕连读项目合作协议。美国堪萨斯大学音乐学院院长罗伯特·瓦尔泽在签约仪式上表示，希望推进两校学生和教师间的交流学习，充分发挥各自优势，开拓两院间，尤其在钢琴教学法学科领域的合作。

△美国德州南方大学计算机系教授、美国国家自然基金NSF德州南方大学的复杂网络研究中心主任李伟到访东华大学，作题为“Security Issues in Wireless Sensor Networks”的讲座。

△同济大学王平教授团队关于肿瘤干细胞调控新机制的研究成果，以“AMPK promotes SPOP-mediated NANOG Degradation to Regulate Prostate Cancer Cell Stemness”为题在线发表于美国期刊《发育细胞》（*Developmental Cell*）。

△美国科学院院士理查德·扎尔（Richard N. Zare）到访同济大学，作题为“Why I Love Microdroplets”的讲座。

△美国加州大学欧文分校化学、物理和天文学教授，美国国家科学院成员夏洛夫·穆卡梅尔（Shaul Mukamel）到访华东师范大学，作题为“Nonlinear

Spectroscopy and Imaging of Elementary Molecular Events and Chirality Using X-ray Pulses”的讲座。

28 日

△上海交通大学物理与天文学院和自然科学研究院的张何朋课题组及其合作者有关细菌菌落中的拓扑缺陷和集体运动的研究成果，以“Data-driven Quantitative Modeling of Bacterial Active Nematics”为题发表于《美国国家科学院院刊》(*Proceedings of the National Academy of Sciences*)。

附录一　2017年度上海外资企业百强榜单

2018年11月，上海市商务委发布2017年度外资企业百强企业名单。

上海的外资百强榜单共有四个“百强”，分别为营业收入、进出口总额、纳税总额和吸收就业人数。现将榜单中的美国企业以及美国入股的企业进行梳理，形成以下表格。

2017年度入选上海外资营业收入百强企业榜单的美国/美国入股企业

企业名称
苹果电脑贸易(上海)有限公司
上汽通用汽车有限公司
宝洁(中国)营销有限公司
蔻驰贸易(上海)有限公司
福特汽车(中国)有限公司
惠普贸易(上海)有限公司
邦吉(上海)管理有限公司
通用电气医疗系统贸易发展(上海)有限公司
康德乐(上海)医药有限公司
英迈电子商贸(上海)有限公司
嘉吉投资(中国)有限公司
德尔福派克电气系统有限公司
强生(上海)医疗器材有限公司
泰科电子(上海)有限公司

续 表

企 业 名 称
延锋安道拓座椅有限公司
埃克森美孚化工商务(上海)有限公司
沙伯基础(上海)商贸有限公司
国际商业机器(中国)有限公司
耐克商业(中国)有限公司

2017 年度入选上海外资进出口总额百强企业榜单的美国/美国入股企业

企 业 名 称
英特尔贸易(上海)有限公司
晟碟半导体(上海)有限公司
安靠封装测试(上海)有限公司
金士顿科技(上海)有限公司
康德乐(上海)医药物流营运有限公司
嘉吉投资(中国有限公司
福特汽车(中国)有限公司
邦吉(上海)管理有限公司
通用电气药业(上海)有限公司
雅培贸易(上海)有限公司
强生(上海)医疗器材有限公司
埃克森美孚化工商务(上海)有限公司
泰科电子(上海)有限公司
捷普科技(上海)有限公司
磐亚班拿物流(上海)有限公司
惠氏(上海)贸易有限公司
明尼苏达矿业制造(上海)国际贸易有限公司
安捷伦科技贸易(上海)有限公司
美敦力(上海)管理有限公司
天合汽车零部件(上海)有限公司

续　表

企业名称
杜邦贸易(上海)有限公司
德尔福中央电气(上海)有限公司
捷敏电子(上海)有限公司
陶氏化学(上海)有限公司

2017 年度入选上海外资纳税总额百强企业榜单的美国/美国入股企业

企业名称
上汽通用汽车有限公司
上汽通用汽车金融有限责任公司
泰科电子(上海)有限公司
福特汽车(中国)有限公司
宝洁(中国)营销有限公司
通用电气医疗系统贸易发展(上海)有限公司
可口可乐饮料(上海)有限公司
惠氏(上海)贸易有限公司
埃克森美孚化工商务(上海)有限公司
美乐家(中国)日用品有限公司
如新(中国)日用保健品有限公司
强生(上海)医疗器材有限公司
苹果电脑贸易(上海)有限公司
苹果采购运营管理(上海)有限公司
通用电气(中国)有限公司
辉瑞投资有限公司
福特汽车金融(中国)有限公司
康宝莱(上海)管理有限公司
科勒(中国)投资有限公司
碧迪医疗器械(上海)有限公司
亿滋食品企业管理(上海)有限公司

2017 年度入选上海外资吸收就业人数百强企业榜单的美国企业/美国入股企业

企 业 名 称
上海统一星巴克咖啡有限公司
上海肯德基有限公司
德尔福派克电气系统有限公司
上海国际主题乐园有限公司
汉堡王(上海)餐饮有限公司
耐克商业(中国)有限公司
辉瑞投资有限公司
上汽通用汽车有限公司
安靠封装测试(上海)有限公司
通用磨坊贸易(上海)有限公司
国际商业机器(中国)有限公司
上海药明康德新药开发有限公司
捷普科技(上海)有限公司
上海微创软件股份有限公司
亿滋食品企业管理(上海)有限公司
强生(上海)医疗器材有限公司
通用电气医疗系统贸易发展(上海)有限公司
上海必胜客有限公司
雅培贸易(上海)有限公司
上海金拱门食品有限公司
天合汽车零部件(上海)有限公司
泛亚汽车技术中心有限公司

注：外商投资企业是指有外方股东的企业。

(公司排名不分先后)

附录二　2018年中国进口博览会美国参展商介绍

消费电子及家电

序号	企 业 名 称	展示内容
1	Orient Fan Co.	家用电器
2	VITA-MIX MANAGEMENT CORPORATION	智能家电
3	希捷科技(Seagate)	硬盘
4	Moov	智能穿戴类产品
5	雷蛇 (Razer)	鼠标、键盘、笔记本
6	Sound United, LLC	音响
7	GEAHAIER SINGAPORE INESTMET HOLDING PIE. LTD	智能家电
8	Underwriter Laboratories	非强制性认证
9	英特尔 (Intel Corporation)	处理器 电子产品
10	高通(Qualcomm)	无线电通信技术研发、芯片研发
11	福禄克(Fluke)	电子测试工具
12	Bay Area Council	电子类产品
13	Reell Precision Manufacturing Cooperation	电器配件
14	艾欧・史密斯(A. O. Smith)	热水器、净水机、空气净化器
15	3M	电子通信
16	iRobot Corporation	家用清洁机器人
17	惠而浦公司(Whirlpool Corporation)	智能家电
18	Naneon USA	电子类产品

续 表

序号	企业名称	展示内容
19	LH LICENSED PRODUCTS	智能家电
20	JAVA GROUP INC	电子类产品
21	Neato Robotics, Inc.	小家电

汽车

序号	企业名称	展示内容
1	通用汽车(General Motors)	品牌汽车
2	福特汽车(Ford Motor Company)	品牌汽车
3	特斯拉 (Tesla)	品牌汽车
4	耐世特汽车系统集团有限公司 (Nexteer Automotive Group Limited)	汽配
5	JDS Worldwide Corp	汽配

服务贸易

序号	企业名称	展示内容
1	American Bureau of Shipping	物流服务
2	Continental Motors Group Limited	航空技术
3	UL AG	认证服务
4	皇家加勒比游轮有限公司(Royal Caribbean Cruises Ltd)	游轮服务
5	美国联合航空公司(UNITED AIRLINES)	航空服务
6	威盛快递(WHEREXPRESS USA INC.)	货运代理
7	PCT Pacific Maritime Services LLC	物流服务
8	PORT TAMPA BAY	物流服务
9	West Basin Container Terminal LLC	物流服务
10	东方设备公司(Oriental Equipment Services Inc.)	设备
11	SSA MARINE	物流服务
12	JACKSONVILLE	物流服务
13	BNSF Railway Company	物流服务
14	C. H. Robinson Freight Services Ltd	物流服务

续　表

序号	企 业 名 称	展示内容
15	FEDERAL EXPRESS CORPORATION	空运服务
16	联合包裹管理(上海)有限公司(UPS)	空运服务

智能及高端装备

序号	企 业 名 称	展示内容
1	OPTODYNE Inc	材料加工及成型装备
2	Gravios Aluminum Boats	船
3	SEMI	集成电路
4	卡特彼勒 (CATERPLOLLAP S. A. R. L., SINGAPORE)	智能挖掘设备
5	Cadence Design Systems, Inc.	集成电路
6	Multitek Systems & Design, Inc	新能源电力电工装备
7	Russell Finex Ltd	工业零部件
8	Automated Precision Inc	材料加工及成型装备
9	美国赫克集团(HURCO Companies,Inc)	设备
10	爱迪威水射技术有限公司	数控超高压水切割设备
11	微软	设备
12	汉能(MiaSole Hi-tech Corp)	设备
13	Mega Fabrication, Inc.	设备
14	enersys delaware inc.	蓄电池产品
15	艾默生(EMERSON)	智能解决方案
16	Dell Inc.	智能解决方案
17	Enertechix Process Sensors Inc	新能源电力电工装备
18	Kennametal	刀具
19	DAPRO CORPORATION	自动化设备
20	德事隆航空(textron aviation)	航空航天技术装备
21	CAE Inc.	航空航天技术装备
22	The Paslin Company	新能源电力电工装备

续 表

序号	企 业 名 称	展示内容
23	POWER SOLUTIONS INTERNATIONAL	清洁能源发动机
24	Beary Fluid Control and Equipment INC	新能源电力电工装备
25	世伟洛克	工业零部件
26	WESTINGHOUSE ELECTRIC COMPANY	新能源电力电工装备
27	CVision Technologies, Inc.	业务流程自动化 软件业务
28	Communications & Power Industries LLC	信息通信技术装备

服装服饰及消费日用品

序号	企 业 名 称	展示内容
1	Serta Inc.	家具家居
2	King Koil Licensing Company	家具家居
3	LEADER MATTRESS, INC	家具家居
4	Heritage Home Group, LLC	家具家居
5	J brand	服饰
6	Naterra International, Inc.	洗护用品
7	PANROSA ENTERPRISES, INC	洗护用品
8	智乐堡有限公司 (Scott Collections Limited)	洗护用品
9	Rush Direct Inc.	宠物用品
10	Alex Sepkus	珠宝

食品及农产品

序号	企 业 名 称	展示内容
1	Mission Produce, Inc	蔬果
2	Y. D. TRADING. TNC	水果
3	Omaha Steaks International. Inc	肉制品水产品
4	Smithfield Foods	肉制品水产品
5	Nuscience Corporation	休闲食品甜食调味品
6	Eurofins Scientific Inc	综合品类

续　表

序号	企 业 名 称	展示内容
7	Cargill，Incorporated	农产品
8	U. S. Dairy Export Council	乳制品
9	AB Foods dba Snake River Farms	肉制品水产品
10	Dogfather Goumet Hot Dogs LLC	肉制品水产品
11	U. S. Soybean Export Council	农产品
12	Georgia Greenland CO.，LLC	休闲食品甜食调味品
13	BC Foods Inc.	休闲食品甜食调味品
14	DISCOMERUS	休闲食品甜食调味品
15	Washington Apple Commission	蔬果
16	NICAIDI USA INC	蔬果

医疗机械及医药保健

序号	企 业 名 称	展示内容
1	Marathon Ginseng International，Inc.	滋补品
2	SWANSON HEALTH INTERNATIONAL	健康及保健品
3	Catalo Natural Health Foods Limited	健康及保健品
4	International Vitamin Corporation	健康及保健品
5	HERBALIFE	功能性食品
6	Amway	化学原料和化学制品
7	United Natural Products Alliance(UNPA)	健康及保健品
8	MEBO Life Science	医药与保健食品
9	Core Health Products	健康及保健品
10	STPCA dba Sun Ten Laboratories	中药材产品
11	Ginseng Board of Wisconsin	人参
12	Prince of Peace Enterprise，Inc.	营养品及保健品
13	Natrol LLC	膳食补充剂、功能性食品、滋补品
14	L. H ORGANIC USA	膳食补充剂、功能性食品、滋补品
15	Pharmgate LLC	动物保健用品

续 表

序号	企 业 名 称	展示内容
16	Johnson & Johnson	药品及个人护理产品
17	Thermo Fisher Scientific	实验室设备、仪器
18	TIME MEDICAL SYSTEMS	医学影像类产品
19	Alton International Enterprises Limit	护理机器人
20	Gaze Optics Inc.	医学影像产品
21	SIUVO	医疗信息服务
22	Milestone(China)Co. , Ltd.	计算机控制局部麻醉系统
23	ALFA GLOBAL HOLDINGS INC.	滋补品、福祉产品与养老服务
24	The Mosaic Company	高浓度磷肥产品
25	Beckman Coulter, Inc	科技仪器、科技服务
26	Roadview Energy Investment& Service LLC	润滑油
27	Thrive Holding, LLC	精油
28	Trammo	精细化工
29	Glow Herbalgenic U S A Inc.	医疗美容
30	PTS Diagnostics	体外诊断产品医用高值耗材
31	Trividia Health	体外诊断产品医用高值耗材

附录三 资料来源

上海市人民政府
http://www.shanghai.gov.cn/

上海市发展和改革委员会
http://fgw.sh.gov.cn/

上海市经济和信息化委员会
http://sheitc.sh.gov.cn/

上海市商务委员会
http://www.scofcom.gov.cn/

上海市教育委员会
http://edu.sh.gov.cn/

上海市科学技术委员会
http://stcsm.sh.gov.cn/

上海市民族和宗教事务局
http://mzzj.sh.gov.cn/mzw/index.html

上海市卫生和计划生育委员会
http://www.wsjsw.gov.cn/

上海市人民政府新闻办公室
http://www.shio.gov.cn/

上海市人民政府合作交流办公室
http://xzb.sh.gov.cn/

上海市人民政府外事办公室　上海市人民政府港澳事务办公室　上海市人民对

外友好协会
http://www.shfao.gov.cn/

上海市人民政府侨务办公室
http://qwb.sh.gov.cn

上海市金融工作委员会
http://jrj.sh.gov.cn/Home/Index

上海市口岸服务办公室
http://www.shport.gov.cn

上海市民防办公室
http://mfb.sh.gov.cn/mfbwz/mfb/xxgk/index.html

上海市文化和旅游局　上海市广播电视局　上海市文物局
http://wgj.sh.gov.cn/node2/n2029/index.html

上海市体育局
http://tyj.sh.gov.cn/

上海市社会团体管理局
http://stj.sh.gov.cn/XWZX.aspx

上海市公安局
https://gaj.sh.gov.cn/index.html

上海市国家税务局　上海市地方税务局
http://shanghai.chinatax.gov.cn/pub/xxgk/

上海市市场监督管理局
http://scjgj.sh.gov.cn/shaic/index_new.html

上海市水务局　上海市海洋局
http://www.shanghaiwater.gov.cn

上海市生态环境局
http://sthj.sh.gov.cn/fa/cms/shhj/index.htm

上海市人力资源和社会保障局
http://www.12333sh.gov.cn/201712333/index.shtml

上海市民政局
http://mzj.sh.gov.cn/gb/shmzj/index.html

上海市知识产权局
http://www.sipa.gov.cn/gb/zscq/node1/node11/index.html

上海市新闻出版局　上海市版权局
http://cbj.sh.gov.cn/news/newsIndex.jsp

上海市司法局
http://sfj.sh.gov.cn/cn/news/xingzhengyaowen

上海海关
http://shanghai.customs.gov.cn/

上海市气象局
http://sh.cma.gov.cn/

上海市邮政管理局
http://sh.spb.gov.cn/dtxx_13189/

上海市档案局　上海市档案馆
http://www.archives.sh.cn/zxsd/

上海市人民检察院
http://www.shjcy.gov.cn/xwdt/index.jhtml

上海市高级人民法院
http://shfy.chinacourt.org/index.shtml

上海市工商业联合会　上海市总商会
http://www.sfic.org.cn/newlist.aspx?lid=7

上海市文学艺术界联合会
http://www.shwenyi.com.cn/renda/2012shwl/introduction/node16103/work/index.html

上海市社会科学界联合会
http://www.sssa.org.cn/hyyl/index.htm

上海市科学技术协会
http://www.sast.gov.cn/list/36.html

上海市作家协会
http://www.shzuojia.cn/plus/list.php?tid=2&TotalResult=103&PageNo=3

上海市浦东新区人民政府
http://www.pudong.gov.cn/shpd/

上海市黄浦区人民政府
http://www.huangpuqu.sh.cn

上海市徐汇区人民政府
http://www.xuhui.gov.cn/H/xh/portal/index/index.htm

上海市长宁区人民政府
http://www.changning.sh.cn/col/col3984/index.html

上海市静安区人民政府
http://www.jingan.gov.cn/xwzx/xwzx.html

上海市普陀区人民政府
http://xw.shpt.gov.cn/

上海市虹口区人民政府
http://www.shhk.gov.cn/shhk/xwzx/

上海市杨浦区人民政府
http://www.shyp.gov.cn/shyp/index.html

上海市闵行区人民政府
http://www.shmh.gov.cn/

上海市宝山区人民政府
http://bsq.sh.gov.cn/bswz_website/HTML/bsmh/portal/index/index.htm

上海市嘉定区人民政府
http://www.jiading.gov.cn/

上海市奉贤区人民政府
http://www.fengxian.gov.cn/shfx/subywzx/

上海市松江区人民政府
http://www.songjiang.gov.cn

上海市金山区人民政府
http://jsq.sh.gov.cn/gb/shjs/index.html

上海市青浦区人民政府
http://www.shqp.gov.cn/gb/special/node_9029.htm

上海市崇明区人民政府
http://www.shcm.gov.cn/cm_website/html/DefaultSite/portal/index/index.htm

上海市红十字会
http://www.redcross-sha.org/Home/Category.aspx?id=2

上海图书馆　上海科学技术情报研究所
http://www.library.sh.cn

国家海洋局东海分局
http://ecs.mnr.gov.cn/

中国民用航空华东地区管理局
http://hd.caac.gov.cn/

上海化学工业区管理委员会
http://www.scip.com.cn/jsxw.asp?q=1

上海临港产业区管理委员会
http://www.lgxc.gov.cn/

上海市虹桥商务区管理委员会
http://www.shhqcbd.gov.cn/HTML/shhq/shhq_zxdt_yw/List/list_0.htm

上海广播电视台　上海文化广播影视集团有限公司
https://www.smg.cn/review/index.html

上海市漕河泾新兴技术开发区发展有限公司
http://www.caohejing.com/Item/News.aspx?t=378

上海浦东发展(集团)有限公司
http://www.pdcw.com.cn/

上海张江(集团)有限公司
https://www.zjpark.com/

上海百联(集团)有限公司
http://www.bailiangroup.cn/html/news/new-bl/

上海市城市建设投资开发总公司
http://www.smi-co.com/node2/n578/n579/n581/index3.html

上海市国际贸易促进委员会
http://www.cpitsh.org

宝钢集团有限公司
http://bg.baosteel.com/indexwww.html

中国商用飞机有限责任公司
http://www.comac.cc/xwzx/gsxw/index_2.shtml

中国海洋石油集团有限公司
http://www.cnooc.com.cn/col/col201/index.html

中国东方航空集团有限公司
http://www.ceairgroup.com/channels/13.html

上海浦东发展银行股份有限公司
http://www.spdb.com.cn

上海铁路局
http://www.bidchance.com/company-329394.html

上海虹桥经济技术开发区联合发展有限公司
http://www.shudc.com/sh/list.asp?id=60

上海外高桥(集团)有限公司
http://www.china-ftz.com/showlist.asp?cataid=31

上海陆家嘴(集团)有限公司
http://www.ljz.com.cn/group/news.aspx

上海临港经济发展(集团)有限公司
http://www.shlingang.com/

上海港城开发(集团)有限公司
http://www.shharborcity.com/news/news.asp

上海仪电控股(集团)公司
http://www.inesa.com/

上海纺织控股(集团)公司
http://www.shangtex.biz/default.shtml

上海华谊(集团)公司
http://www.shhuayi.com/news.aspx

上海电气(集团)总公司
http://www.shanghai-electric.com/Pages/Index.aspx

上海汽车集团股份有限公司
http://www.saicgroup.com/

上海华虹(集团)有限公司
http://www.huahong.com.cn/

光明食品集团
https://www.brightfood.com/

上海市供销合作总社
http://www.shcoop.com/

上海良友(集团)有限公司
http://www.shliangyou.com/news/news_list.htm?no=6

上海实业(集团)有限公司
http://www.siic.com/gb_news.php

上海久事公司
http://www.jiushi.com.cn/

上海国际集团公司
https://www.sigchina.com/

上海国盛(集团)有限公司
http://www.sh-gsg.com/dynamic.aspx?tpid=2

上海市信息投资股份有限公司
http://www.sii.com.cn/news.aspx

上海科技创业投资(集团)有限公司
http://www.shvc.com.cn/

上海工业投资(集团)有限公司
http://www.siig.cn/catalog/common/common.action?pid=1000003

上海申虹投资股份有限公司
http://www.sh-sr.com.cn/mhdj/2013shsr/node188/node191/index.html

上海交运(集团)公司
http://www.cnsjy.com/index.php

上海磁浮交通发展有限公司
http://www.smtdc.com/cn/xwzx.html

上海申通地铁集团有限公司
http://www.shmetro.com/node49/index.htm

上海国际港务(集团)股份有限公司
http://www.portshanghai.com.cn/jtwbs/webpages/news_list.jsp

上海机场(集团)有限公司
http://www.shanghaiairport.com/

东方国际(集团)有限公司
http://www.oih.com.cn/news/groupnews.html

上海锦江国际(集团)有限公司
http://www.jinjiang.com/about/foreign/

上海市衡山(集团)有限公司
http://www.hengshan.com.cn/media_center_news.php

上海申迪(集团)有限公司
http://www.shendi.com.cn/news.html?pageIndex=2

上海爱建股份有限公司
http://www.aj.com.cn/ajc/gsolt/ajyw/

申能(集团)有限公司
http://www.shenergy.com.cn/news.aspx

上海市电力公司
http://www.sh.sgcc.com.cn/html/main/col3/column_3_1.html

上海电力建设有限责任公司
http://www.sepcc.com/News1.html

中航商用飞机发动机有限责任公司
http://www.acae.com.cn/portal/About/Index_4.aspx#

中国华能集团有限公司
http://www.chng.com.cn/n31531/n31597/index.html

中国石化上海石油化工股份有限公司
http://spc.sinopec.com/spc/news/news_report/

中远集装箱运输有限公司
http://lines.coscoshipping.com/home/

中波轮船股份公司
http://www.chipolbrok.com.cn/chipolbrok/article/articleFront.do?method=viewNewsList&_category=46&i18n=zh_CN

中交上海航道局有限公司
http://www.cccc-sdc.com

中交第三航务工程局有限公司
http://www.ccshj.com/list.do?articleType_id=117

中国移动通信集团上海有限公司
http://www.10086.cn/aboutus/news/GroupNews/

中国联合网络通信有限公司上海分公司
http://mall.10010.com/sh/

中国电信上海公司
http://www.chinatelecom.com.cn/news/02/

中国银行业监督管理委员会上海监管局
http://www.cbrc.gov.cn/sj/shanghai/index.html

中国人民银行上海总部

http://shanghai.pbc.gov.cn/

中国工商银行上海市分行
http://www.icbc.com.cn/ICBC/%E4%B8%8A%E6%B5%B7%E5%88%86%E8%A1%8C/

中国建设银行上海市分行
http://ccb.com/sh/cn/index.html

中国农业银行上海市分行
http://www.95599.cn/cn/branch/sh/news/default.htm

中国农业发展银行上海市分行
http://www.adbc.com.cn/templates/shanghai_list/index.aspx?nodeid=402&pagesize=1&pagenum=17

国家开发银行上海市分行
http://www.cdb.com.cn/xwzx/szyw/

交通银行上海分行
http://www.bankcomm.com/BankCommSite/shtml/shanghai/cn/1692/1698/list_1.shtml?channelId=1692

中国民生银行上海分行
http://www.cmbc.com.cn/fzjg/shfx/index.htm

上海银行
http://www.bankofshanghai.com/zh/sy/sy_sykx/index.shtml

上海农村商业银行
http://www.srcb.com/latestnews/index.shtml

中国证券监督管理委员会上海监管局
http://www.csrc.gov.cn/pub/shanghai/zxgx/

中国证券登记结算有限责任公司上海分公司
http://www.chinaclear.cn/zdjs/xgsdt/center_list_one.shtml

上海证券交易所
http://www.sse.com.cn/aboutus/mediacenter/hotandd/

上海期货交易所
http://www.shfe.com.cn/news/news/

中国保险监督管理委员会上海监管局
http://www.circ.gov.cn/tabid/359/Default.aspx

中国太平洋保险(集团)股份有限公司
http://www.cpic.com.cn/asset/infor/index.shtml

中国人民财产保险股份有限公司上海分公司
http://www.picc.com.cn/html1/folder/0/2907-1.htm

中国人寿保险股份有限公司上海分公司
http://www.e-chinalife.com/news/index.html

中国平安财产保险股份有限公司上海分公司
http://about.pingan.com/pinganxinwen/pinganxinwen_cn.shtml

太平财产保险有限公司上海分公司
http://www.cntaiping.com/news/

长江养老保险股份有限公司
http://www.cj-pension.com.cn/cjyl/CN/

中国福利会
http://www.cwi.org.cn/zh/list.aspx?type=XWSX

上海科技馆
http://www.sstm.org.cn/newslist/10

上海大剧院
http://www.sgt-artscenter.org/contlist.aspx?prog=XWYGZ

上海音乐厅
http://www.shanghaiconcerthall.org/news/article/reports/

东方艺术中心
http://www.shoac.com.cn/Calendar.aspx

上海博物馆
http://www.shanghaimuseum.net/education/show/show.action

上海美术馆
http://shanghaimeiguan.meishujia.cn/?act=usite&said=414&usid=822

文汇报
http://wenhui.sumg.com.cn/html/2019-05/29/node_61.html

解放日报
https://www.jfdaily.com/journal/2017-05-14/page_01.htm

新民晚报
http://xmwb.xinmin.cn/html/2016-01/28/node_1.htm

澎湃新闻
http://www.thepaper.cn/

东方网
http://www.eastday.com.cn/

上海社会科学院
https://www.sass.org.cn/

上海国际问题研究院
http://www.siis.org.cn

上海科学院
https://www.sast.org.cn/

中国科学院上海分院
http://www.shb.cas.cn/xwzx/xwdt/

复旦大学
http://www.fudan.edu.cn/2016/index.html

上海交通大学
http://news.sjtu.edu.cn/

同济大学
http://news.tongji.edu.cn/

第二军医大学
http://www.smmu.edu.cn/183/list.htm

华东师范大学
http://www.ecnu.edu.cn/

华东理工大学
http://www.ecust.edu.cn/

东华大学
http://www.dhu.edu.cn/

上海外国语大学
http://www.shisu.edu.cn/

上海财经大学
http://www.shufe.edu.cn/structure/index.psp

华东政法大学
http://www.ecupl.edu.cn/

上海纽约大学
https://shanghai.nyu.edu/

中医药大学
http://www.shutcm.edu.cn/

上海师范大学
http://www.shnu.edu.cn/

上海大学
http://www.shu.edu.cn/

上海科技大学
http://www.shanghaitech.edu.cn/

上海理工大学
http://www.usst.edu.cn/

上海海洋大学
http://www.shou.edu.cn/

上海政法学院
http://www.shupl.edu.cn/

上海体育学院
http://www.sus.edu.cn/

上海音乐学院
http://www.shcmusic.edu.cn/

上海戏剧学院
http://www.sta.edu.cn/

上海电力学院
http://www.shiep.edu.cn/

上海对外经贸大学
http://www.suibe.edu.cn

上海第二工业大学
http://www.sspu.edu.cn

上海应用技术大学
https://www.sit.edu.cn/

上海交通大学医学院附属仁济医院
https://www.renji.com/

上海市第一人民医院
http://www.firsthospital.cn/news/news.html

复旦大学医学院附属华山医院
https://huashan.org.cn/

复旦大学医学院附属儿科医院
http://ch.shmu.edu.cn/news/yiyuanxinwen

上海第十人民医院
https://www.shdsyy.com.cn/web/

上海市精神卫生中心
http://www.smhc.org.cn/yixue/yyxw/list_186.aspx?page=3

上海市儿童医院
http://www.shchildren.com.cn

上海交通大学医学院附属瑞金医院
http://www.rjh.com.cn/2013ruijin/ruijin/rj_fax/rjxw/index.shtml

同济大学附属同济医院
https://www.tongjihospital.com.cn/

上海交通大学医学院附属第九人民医院
http://www.9hospital.com.cn/djy_web/html/djy/jy_xwgg/List/index.htm

上海交通大学医学院附属新华医院
http://www.xinhuamed.com.cn/NewsCenter.aspx

上海交通大学医学院附属上海儿童医学中心
http://www.scmc.com.cn/root/ProtalPage/List/index.htm

上海市胸科医院
http://www.shxkyy.com/

复旦大学医学院附属中山医院
http://www.zs-hospital.sh.cn

复旦大学医学院附属眼耳鼻喉科医院
http://www.fdeent.org/

复旦大学医学院妇产科医院
http://fckyy.fudan.edu.cn/news/yyxw#

复旦大学医学院附属肿瘤医院
https://www.shca.org.cn/

上海市肺科医院
http://www.shxkyy.com

上海第二军医大学附属长征医院
http://www.shczyy.com/front/news.aspx?quest=yiyuanxinwen

上海第二军医大学附属长海医院
http://www.chhospital.com.cn/html/

上海第二军医大学附属东方肝胆外科医院
http://www.ehbh.cn

上海中医药大学附属岳阳医院
https://www.shyueyanghospital.com

上海中医药大学附属龙华医院
http://www.longhua.net/

上海中医药大学附属曙光医院
http://www.sgyy.cn/cn/news/

上海市中医医院
http://www.szy.sh.cn/szy/html/DefaultSite/portal/index/index.htm

上海市华东医院
http://www.huadonghospital.com/

上海市第一肺科医院
http://shsfkyy.com

上海市第一妇婴保健院
https://www.51mch.com

上海市眼病防治中心　上海市眼科医院
http://www.shsyf.com/index.html

中国福利会国际和平妇幼保健院
https://www.ipmch.com.cn

美国驻上海总领事馆
https://china.usembassy-china.org.cn/zh/

上海美国商会
https://www.amcham-shanghai.org/en/events/upcoming

中国国际进口博览会
http://www.Ciie.org/zbh/index.html

（上述单位排名不分先后）

后记

2018年，对中国外交而言是具有特别意义的一年。这一年是中国改革开放40周年，也是《中美建交公报》签订40周年。

然而，在中美关系步入"不惑之年"之际，美国总统特朗普却针对中国反复挥舞关税大棒，频频威胁两国经贸关系，这些负面冲击也波及到了地方层面。受此影响，上海对美国进出口额近三年来首次出现了小幅下降。

尽管如此，沪美双向经贸投资仍保持良好态势。截至2018年底，美国累计在沪投资项目9 162个，占全市的9.44%；合同外资229.76亿美元，占全市的4.92%，列来沪投资国家(地区)第四位。2018年度，上海对美投资项目为144个，中方投资额为23.8亿美元，占全市对外投资总额的14.11%，主要领域为制造业、科学研究和技术、信息传输、计算机服务和软件业、服务业等。

与此同时，沪美地方人文交流仍呈现出火热态势。比如，2018年上海全年接待美国入境旅游者超过81万人次，同比增长9.39%，美国连续两年成为上海第二大外国客源国；上海审批美国进出口艺术品数量大增，增幅分别达52.5%和54.1%；美国阿拉斯加州、密歇根州、肯塔基州州长先后亲自带队来沪寻求合作。

由此可见，中美地方民间对加强交流合作的热情并没有减少，而在两国关系面对挑战的时候，地方民间力量对维系两国交流纽带、推动双边关系稳健发展的积极作用，则显得尤为重要。

本套丛书以大事选编的形式汇总了上海与美国地方政府及民间各方在各领域双向交往的热点、亮点和重要事件。本卷收录了2018年度沪美地方交流的各类事项共计千余件，所涉及的领域主要包括文化艺术、教育、社会科学、外事、科技、医疗卫生、经济与金融等。为了加强实用性，本卷增设了外资企业百强名单中的美国企业一览表以及2018年中国国际进口博览会参展的美国企业的相关情况，以期为沪美地方品牌交流、人文交流以及经贸交流助力。

本卷正文部分的原始资料来源于上海市政府机关、企事业单位及媒体等机构的官方网站。编辑团队在原始资料的基础上对相关内容进行了筛选和编排。资料来源所涉及的官网多达200多个，由于搜索工作量大、部分官网更新滞后等原因，本卷难免有粗疏之处，恳请广大读者和同仁不吝指正。

本套丛书由上海市美国问题研究所常务所长胡华和外联室副主任叶君策划，编写组组长为马学新、李奕昕，包毅楠、林艳雯、陈晓莺、施秋君、蒋淳、马晓朵、郭东豪等人参与了本卷条目收录和编写工作。

在前期策划及编撰过程中许多单位和个人提供了大力支持和帮助，比如：上海市商务委员会、上海市人民对外友好协会、上海市文化和旅游局、上海市教育科学研究院等单位为本卷提供了研究数据和图文资料；上海市报纸行业协会会长吴芝麟、上海公共外交协会副会长道书明、上海社会科学院国际问题研究所所长王健、上海市人民对外友好协会处长薛彬、中国社会科学院美国研究所专家仇朝兵、复旦大学美国研究中心副主任宋国友等知名专家参与了本卷部分内容的甄选评审工作，在此一并致以衷心的感谢和敬意！

我们将继续努力，力争把本套丛书做得更好。在今后的编撰过程中，我们殷切地期盼能得到上海市政府所属各委、办、局等相关单位领导、工作人员及更多学界同仁的指导和帮助！

上海市美国问题研究所
上海与美国地方交流课题组
2019年4月16日

《上海与美国地方交流年度大事记(2018)》编写组

编写组组长：马学新、李奕昕

编写组成员：叶君、包毅楠、林艳雯、蒋淳、马晓朵、施秋君、陈晓莺、郭东豪

合 作 单 位：上海市商务委员会

上海市文化和旅游局

上海市教育科学研究院

专 家 顾 问（按姓氏笔画排序）：

上海社会科学院国际问题研究所所长　王　健

中国社会科学院美国研究所副研究员　仇朝兵

上海市美国问题研究所外联室副主任　叶　君

上海通志馆副馆长　吴一峻

上海市报纸行业协会会长　吴芝麟

复旦大学美国研究中心副主任　宋国友

上海市商务委员会主任　华　源

上海市美国问题研究所常务所长　胡　华

上海公共外交协会副会长　道书明

上海市文化和旅游局副局长　程梅红

上海市教育科学研究院研究员　谭晓玉